ご近所の共助があなたの未来をひらく

新しい地域ネットワークの教科書

Mikio Ito
伊藤幹夫

はじめに

私は、約7年前からさまざまな地域活動に向き合い続けていますが、実は50歳までは、会社人間でご近所やご近所を取り巻く地域には全く関心がありませんでした。50歳を前に実家に戻ることになってから、「ご近所の景色」に違和感を持ち、『地方消滅』（増田寛也編著　中公新書）を読んで危機感がふくらみました。そのことがきっかけとなり、社会人大学院の門をたたき、地域コミュニティと地域包括ケアシステムについて学び、地域共生社会に向かう具体的なアプローチを共創するという志や使命感を抱くことになります。その後、平日の地域に向き合うために、勤めていた会社を退職し、働き方を変えて今に至ります。

ご近所とご近所を取り巻く地域にどっぷり浸かってみて、はじめて、数多くの活動主体とネットワークがあることに気づきました。一方、ある意味ブラックボックスの側面もあり、全体像がつかみにくいと実感しています。試行錯誤を続けながら、ようやくいろいろなことがつながって見えるようになりました。

この本は、私の活動記録ではありません。私に見えている景色の中から、温かい変化を起こすためには、何が必要かを切り取ったものです。本書のタイトルには教科書という言葉を使っていますが、正確には**教科書（初動編）**と言えます。変化を起こすためには、まず「はじめの一歩」つまり「初動」がすべてだからです。

本来あるはずなのに見えていない景色と、生き方・学び方・働き方について考えるヒントをお届けするだけでなく、この本のコンテンツが、皆さんが「はじめの一歩」を踏み出す背中を押すことができれば、うれしく思います。

コロナでわかった、人とのふれあいの大切さ

２０１９年末に最初の感染患者が報告されるやいなや、世界中に拡がっていった新

型コロナウイルス。ウイルスの流行は私たちの想像を超えて広がり、生活様式を変えざるをえないところまできてしまいました。

コロナ禍で不必要な外出を控え、地域の活動や行事の多くが中止となり、大学等の講義や、会社の仕事といったものでさえリモートで行うようになりました。そうして人と会うことが減り、どことなく孤独を覚え、不安にかられた方も多いのではないでしょうか。

だからこそ、逆に人とのふれあいや助け合いの精神が大切だと改めて気づかされた方もたくさんいたはずです。

昔は、醤油や風呂の貸し借りをしたり、子どもを預かってもらったりということを日常的に行ってきました。そして、震災の時には、ご近所のつながりが力を発揮してきました。東京オリンピック・パラリンピック招致合戦の時に滝川クリステルさんが話した「お・も・て・な・し」が世界的に脚光を浴びましたが、そのほかにも世界中が驚く精神文化が日本にはたくさんあります。

その1つが「お・か・げ・さ・ま」です。私たちは誰かの「おかげ」で生きています。その誰かとは、時に神様であり、時に**他人様**だったりします。欧米のような個人主義文化と異なり、日本は、「人の心」と「人との和」を大切にして、助け合っていく文化です。日本人の強みでもある「日本特有の道徳心や助け合いの文化」については、第6章で詳しくお話しします。

その助け合いの心の基盤は地域社会にあります。「ご近所」という地域社会の構成要素の末端が、新しいカタチで進化していけば、もっと私たちの生活はよくなるはずです。

草の根から共助の議論を進める

町内会長1年目が、ちょうど、避難行動要支援者支援制度の「個別計画」の作成時期にあたり、私は町内の全世帯の約10％に相当する、避難行動要支援者名簿登録世帯（独居高齢者、要支援・要介護者、障がい者手帳保持者等）への家庭訪問を実施しました。そして、多くの世帯が専門的支援とはつながっているものの、ご近所から孤立している現実、隠れて見えていない現実に直面しました。

別の言い方をすると、地域包括ケアシステムの構築や地域共生社会の実現など、社会システム（行政施策）側がトップダウンでいくら頑張っても、生きづらさを抱えている本人や家族が、ご近所から孤立していては意味がないと強く感じたのです。家庭訪問を通じて、生きづらさを抱えている本人や家族の生の声に接したこと、そして、各世帯の生活空間を感じたことが、ご近所を何とかしたいという原動力となりました。

このことがきっかけとなり、活動の幅を一気に広げていくことになります。例えば、90代の独居のおばあちゃんから「最初に避難するのは集会所で、次は小学校の体育館なのはわかった。で、それぞれ、そこに行ったらどうなるの？」という質問に即答できなかった悔しさがきっかけで、最寄りの小学校の避難所運営委員会の設立に手を挙げました。

防災の専門家による防災講演会などに、私は立場上、年に数回、継続的に参加しています。しかしそこでは**自助**（心構えや備蓄品など）と**公助**（過去の災害時の避難所運営など）の話ばかりで、**共助**の話（自主防災組織含め）がほとんど出てきません。

たまに出たとしても「安否確認や避難行動の際は、要支援者への対応をしっかりすること」で終わりです。

共助というのは、**支え合い・助け合いに加え、ふれあいと生きがいを通じて幸せ感を生むもの**です。

ある講演会で、参加者からの「ご近所の共助に対する行政の対応についてはどうお考えですか」という質問に対して、講師の方は「地域特性もありますので、具体的なことは、市役所の担当部署に確認してください」と即答していました。私はとても残念に思う一方、共助に対する行政や専門家の限界を感じました。同時に、私は、共助について、地域住民の皆さんの不安や不満のエネルギーが蓄積している一面を垣間見た気持ちになりました。

２０２５年問題（団塊世代が後期高齢者入りすることで、超高齢社会が未知のゾーンに突入して多くの社会システムが機能不全を起こす問題）を控え、私たちは、これから、ますます共助の議論を進めていく必要があります。

これから一冊をかけて、地域共生社会に向かう具体的なアプローチとなる、**ご近所起点の新しい地域ネットワーク、つまり、ご近所の未来づくり**について、お話ししていきたいと思います。

本書は、大きく分けると前半と後半の2部構成となっています。

前半は、第1章から第5章まで、テーマは「温かいコミュニケーションの土台について」。家庭でも地域でも職場でも学校でも、温かいコミュニケーションが生み出す波及効果は絶大です。本書の紙面の約半分を使って、このテーマについて掘り下げた理由もそこにあります。

第6章は、前半と後半をつなぐ位置付けで、テーマは「日本特有の道徳心や助け合いの文化について」。日本人らしさに想いを寄せることは、先祖や地縁のありがたさを感じて、温かい気持ちになることにつながります。

後半は、第7章から第9章（最終章）まで、テーマは「はじめの一歩と、その先の温かい変化について」。私たちの行動を変えないと、ただ待っているだけでは、何も変化は起きません。

ご近所が、セーフティネット（安全網）として機能し、私たちの日々の生活を豊かにできる。**ご近所の幅広い可能性（希望）の選択肢を描く**ことのできる本になればと思っています。

第4章 変化を起こす「考え方」「心構え」に向き合う 85

第5章 最大の壁「メンタルモデル」に向き合う　113

第9章 ご近所の共助が日本の未来をひらく……217

第1章

「現状」と「ありたい姿」を共有する

ご近所に光を当てる理由

当たり前ですが、すべての日本人は、ご近所の中で日々生活しています。しかし、ご近所に対するイメージは人それぞれです。皆さんも、次の6段階のどれか、または複数に、当てはまるのではないでしょうか。

1 危ないから必要以上に話はしない
2 無関心
3 関心はあるが、他人ごと。ご近所に向き合うのはまだ先の話
4 自分ごとと理解しているが、今のままでいい
5 今のままではダメだし、何とかしたいが、何をどうしていいかわからない
6 町内で活動しているが、大きな壁にぶつかっている感じがする。現状維持が精一杯で新しいことはできそうにない

ご近所づきあいは、面倒だからできれば避けたいと考えている方が多いのではないでしょうか。社会の変化に伴い、生活様式や価値観も大きく変化してきたことがその

原因です。

しかし、過去や現状を否定することなく、受け入れた上で、ご近所づきあいの新しいカタチ、すなわち「ご近所の未来づくり」を考えてみると大きな可能性が見えてくるのです。

今、ご近所に光を当てる理由は、大きく3つあります。

1つめの理由は、自助と公助の間で、〝ご近所の共助〟が世の中の議論から取り残されているため。

共助とは**お互いに助け合うこと**で、互助ともいいます。災害時対応で使われる場合は、自らを守る「自助」、市区町村や国が手を貸す「公助」との間で、ご近所（近隣）で互いに助け合う意味で使われます。

あなたのご近所の共助は目に見えていますか。多くの住民が、共助を実現するのは、市区町村など行政の仕事だと勘違いしています。共助の仕組みをつくるのも、それを機能させ、形骸化させないようにするのも、ご近所に住む私たち住民が主体的に共助を育むことでしか実現できません。他人任せでは、これから何年たっても何も変わりません。

特に大きな災害の場合は、公助が来るまで、早くても3日間から5日間、場所によっては1週間以上かかる（山間部や大都市）といわれています。

公助が来るまでは、分散避難（在宅避難含む）を視野に入れた、ご近所内の自助と共助で乗り切るしかないのです。自宅の全壊や半壊、火災、怪我など、想定外のことが起きたら、自助だけで対応できないのは明らかです。

2つめの理由は、市区町村の3層構造を真に機能させるため。市区町村の3層構造とは左の図のようなものをいいます。

1層・2層は、行政等の活動、学校、サークル活動、スポーツ、伝統文化、自然保護及び支援団体等の地域活動など、幅広く該当します。この「市区町村の3層構造」の議論で多いのは、「行政施策（社会インフラや個別の行政手続き等は除く）や地域活動等のトップダウン」は1～2層までで、3層（ご近所）には、ほとんど届いていない（届いていてもほんの一部）というものです。

3層（ご近所）は、町内会（自治会など名称は複数あるが、本書では町内会に統一）などの地縁組織やボランティアなどに丸投げ、中には、属人的でかつ引き継ぎが不十分なため、機能不全で形骸化している活動も多く、まさにブラックボックス状態なのです。

これが、1~2層における行政施策や地域活動の効果を出すためには、3層（ご近所）からの「住民主体のボトムアップ」が不可欠といわれている所以です。ここでいう「住民主体のボトムアップ」とは、3層（ご近所）での話し合いと実践を積み上げることであり、3層（ご近所）から1~2層の行政施策や地域活動にアクセスしていくことでもあります。

市区町村の3層構造

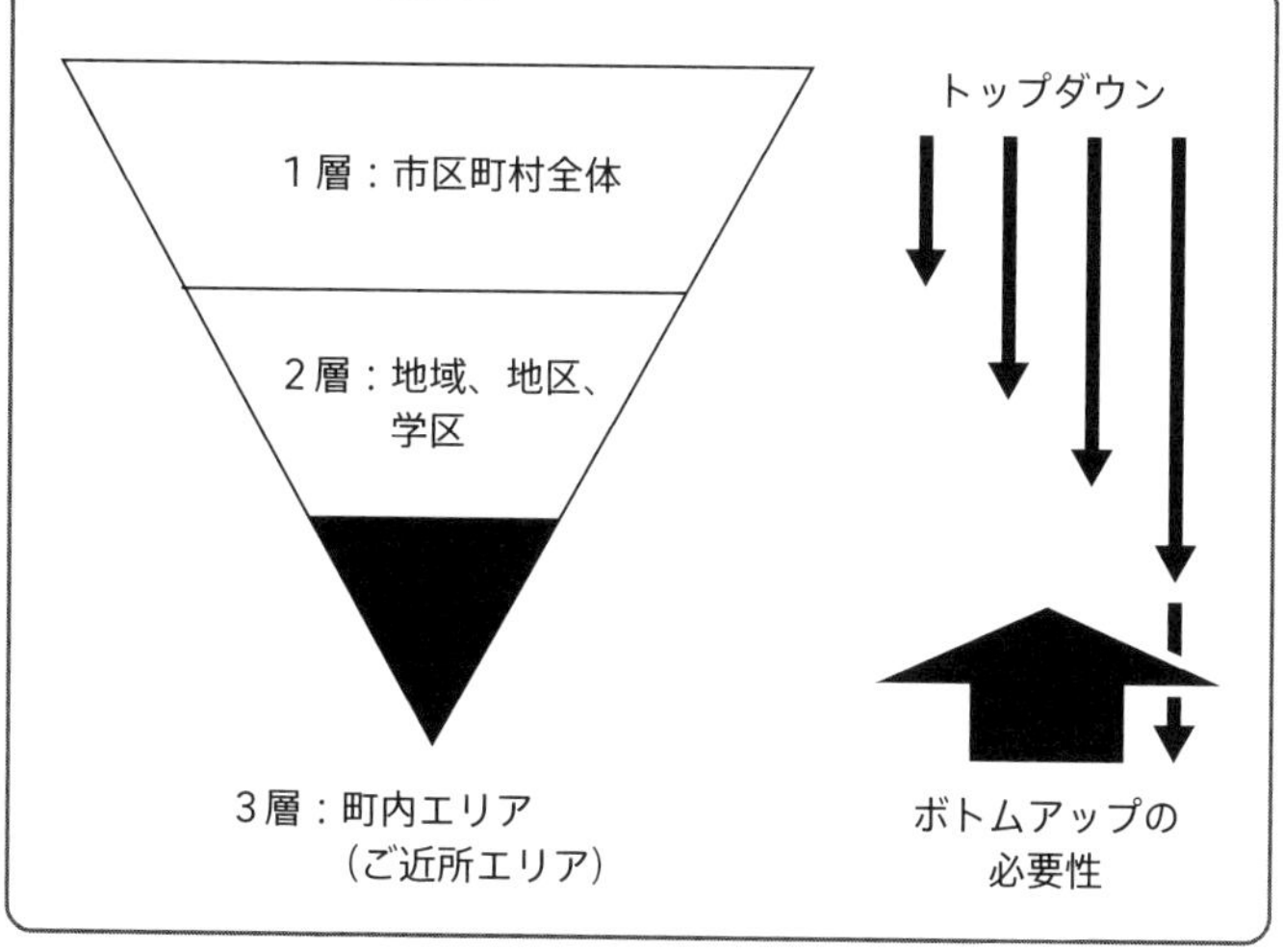

今ある1～2層の活動と共存することで、相乗効果を創出することにつながります。

3つめの理由は、ご近所が「社会の変化」と「個人（家族）の日常」を、つなぐ場所だから。ご近所は、私たちの暮らしの現場であり、生活課題の現場です。世の中の多くの社会的課題は、生活課題の延長線上にあります。私たちは、社会の変化を、身近なご近所を通して、考えることができます。つまり、ご近所の中に、私たちの家があることで、私たち自身や家族の生き方、学び方、働き方について考えることができる。さらに、共助に向き合うことで、自然に道徳心や公共心が育まれる。つまり、ご近所は世代問わず、人間成長の場といえるのです。

POINT

- ご近所の共助が取り残されている。
- 市区町村の3層構造を機能させる。
- ご近所は社会の変化と個人の日常をつなぐ場所。

「ご近所づきあい格差」が広がっている

一般的にご近所づきあいというと、戸建てであれば向こう三軒両隣、共同住宅であれば同じ階や同じ棟の住民同士のコミュニケーションといったものです。

そのほか、町内会、子ども会、老人会、ママ友、パパ友など、ご近所内で知り合った人たちとのつきあいもご近所づきあいですし、町内エリアでのボランティア活動、サークル活動といったものもご近所づきあいです。

そのご近所づきあいの中で、共助をすでに実感している人たちもいます。

世帯同士のつきあいの中で、生活の中の困りごと（例えばごみ出し、電球の取り替え、緊急時の連絡先の共有や災害時の避難行動など）への対応といった、支え合いや助け合いを行っている人たちです。

また、支え合いや助け合い活動が組織化され、町内エリアでボランティアの仕組みがあるとか、生活支援や移動支援を行う有志のチームがあるところは、目に見えるカタチで共助が示されていてわかりやすいでしょう。

しかし一方で、ご近所づきあいの希薄化により、支え合いや助け合いどころか、**あいさつもまともにできていない現状**もたくさんあります。ここには当然共助などありません。お会いしてお話を聞くと、そもそも共助そのものの認識も持てていないというのが実情です。共助というのは、「はじめに」でもお話しした通り、支え合いや助け合いといった意味だけでなく、ご近所とのふれあいと生きがいを通じて幸せ感を生むものです。それがまるでゼロになってしまっているのです。

共助のあるご近所とないご近所では生活の豊かさが格段に違ってきます。共助をどのようにしてご近所の中で育んでいくかはこれから詳しく見ていきたいと思いますが、「ご近所づきあい格差」が広がっており、それが生きづらさとしてあらわれているというのが現状なのです。

明確に言えることとは、「市区町村の行政に頼らず、自分たちでできることはする」「自分たちのご近所の未来は自分たちでつくる」という想いが大切なのだということです。その想いを起点とした、素晴らしい活動が全国津々浦々にたくさん生まれています。

POINT

■ ご近所づきあいの中に「共助」があるかないかで生活が一変する。
■ 共助の認知度や、自分たちでやる意識の差が、「ご近所づきあい格差」を生む。

日本は異次元の超高齢社会かつ人口減少社会

ご近所づきあいイコール町内会と誤解している方も多いのではないでしょうか。もちろん町内会は活動主体の選択肢の1つですが、現実には町内会がないご近所エリアも増えてきています。

そこでまず視野を広げて、日本の抱えている課題を見てみることにしましょう。
日本は世界的に「課題先進国」といわれています。課題として挙げられるのは、ストレス社会や孤独社会、格差社会といった問題です。でもこれらは世界共通の課題のはずです。日本が問題視されるのは、これらの多くの社会的課題が、世界的に異次元の超高齢社会かつ人口減少社会の上にあるからです。

日本の高齢化率は、現在は約28％ですでに世界トップです。この数字は20年後の２０４０年には日本の高齢化率は約35％、40年後の２０６０年には約40％近くまで上昇し続けます。

しかし、それ以上に注目したいのは高齢化率の経過スピードです。他国と比較するとその速さは明らかです。

日本は、この高齢化率の経過スピードの異常な速さに、行政の対応が後手後手になって今に至っているのです。

これまで世界が経験したことのない事態であり、ある意味、仕方のないことなのかもしれません。

しかし、韓国とシンガポールは、今後、日本を上回る

世界の高齢化率の経過スピード

・高齢化率７％（高齢化社会）から14％（高齢社会）の経過年数（実績）

フランス：126年　アメリカ：72年　イタリア：61年
イギリス：46年　ドイツ：40年　日本：24年

・高齢化率14％（高齢社会）から21％（超高齢社会）の経過年数（実績）

ドイツ：41年　イタリア：25年　日本：13年

出典：『東大がつくった高齢社会の教科書』
（2017年　東京大学高齢社会総合研究機構「編著」　東京大学出版会）

スピードで超高齢社会（高齢化率21%以上）に突入していくと推測されています。だから日本はトップランナーとして、世界の手本をつくっていく責務があるのです。

ここで、人口減少に目を向けてみましょう。

40年後の2060年、日本の人口は、2010年から比べて約30%減少すると推測されています。出生率を上げていくことは重要ですが、出生率の微増だけでは、人口減少の流れにはほぼ無力です。理由は出産適齢期の女性の人口減少が止まらないため、出生数の減少は続いていくか

ご近所目線での社会的課題の捉え方

学歴社会　児童養護　空き家問題
非寛容社会　貧困の連鎖　2040年問題
シングル社会　無縁社会　7040問題
格差社会　分断社会　8050問題　介護離職
孤独・孤立社会　2025年問題　老老介護
ストレス社会　メンタルヘルス不調・精神疾患

異次元の超高齢社会かつ人口減少社会

らです。その事実を正しく認識しないと、一部の子育てしやすい市区町村に周りの市区町村から子育て世代が移住するという局所的な奪い合いに陥るだけで、より広域での課題解決には至りません。

前頁の図のようにこの土台の上にさまざまな課題が乗っています。これが課題先進国とされる原因なのです。その課題の中には、子どもの問題、介護の問題、精神疾患の問題、孤独・孤立社会、ストレス社会、シングル社会など、ご近所目線での社会的課題が多くあります。

ここで、見落としてはいけない点は、それぞれの課題に対して「縦割り」で課題解決に取り組んでいる現状です。複数の社会的課題を包括的連鎖的かつ根本的に解決するためには、必然的に**根っこでつながる共通項**を探しながら、縦割りに横串を通していく必要があります。

POINT

- 超高齢社会かつ人口減少社会を前提として課題解決に向かわなくてはいけない。
- それぞれの問題の共通項を探しながら、横に手をつないで課題解決するべき。

根強く残る右肩上がりの価値観のモンスター

戦後の高度経済成長期は、右肩上がりの時代といわれています。みんなと同じことを学んで、同じように仕事に就いていれば、経済的には豊かでいられました。加えて、終身雇用と年功序列で、安定した人生を過ごせていたのです。ある意味、シンプルな時代でもありました。

「右肩上がりに成長を続ける」時代の価値観は現代社会にいまだに残っています。しかもその根強さはまさにモンスター級。しかし、これから社会をより効果的によくしていくためには、このモンスターへの挑戦は避けて通れないのです。

しかしながら、右肩上がりの価値観を否定してはいけません。戦後の焼け野原から今の日本をつくりあげるのに必要だった価値観だったともいえるのです。だから否定だけをするのではなく、そこから学ぶ意識を持ち、未来志向で議論を進めていくことが大切なのです。

それではまず、右肩上がりの価値観が浸透した結果として、今のご近所やご近所を取り巻く地域社会の現状がどうなっているのか、見ていきましょう。

組織も活動も縦割りだからバラバラで連携が取れていません。縦割りだから、自分の役割以外にはほとんど関心がないので、（時には保身になり相手を敵対視するなど）人間関係がギスギスです。**バラバラな活動が、ギスギスしたコミュニケーションの上で行われているため、結果的にスカスカで効果がない**のが現状な

ご近所も地域社会もバラバラ、ギスギス、スカスカ

バラバラでギスギスだから、その結果スカスカになっています。

「バラバラ」
縦割りの閉塞感

「ギスギス」
人間関係の悪化
自分と相手の間の溝

「スカスカ」
カバー率の低さ
実効性の無さ

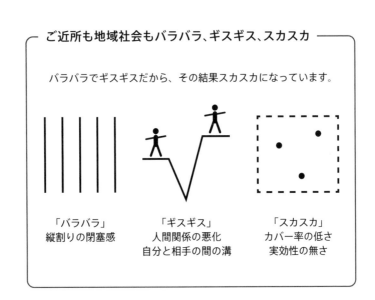

のです。

あらゆる組織において、縦割りの弊害が顕著になっています。しかし、縦割りは、組織運営には現時点では必要なものでもあります。問題は縦割りそのものではなく、縦割りに「横串を通す」ことができないということなのです。横串を通してそれぞれの連携が取れるようになれば、活動の有効性がより高まるのですから。

POINT

- 右肩上がりの価値観は根強く残っている。
- 右肩上がりの価値観のため、地域社会は「バラバラ」「ギスギス」「スカスカ」に。
- 組織の縦割りに横串を通す努力を。

地域の活動には共通言語がない

私が、ご近所やご近所を取り巻く地域に向き合って、最初に強い問題意識を持ったのは、**共通言語がない現実**でした。

例えば「高齢化」という言葉を例に見てみましょう。

「高齢化が問題だ」といって、いきなり「散歩道」の話や、「認知症」の話をはじめる人がとても多いのです。高齢化の全体像のイメージを共有しないまま、細かいテーマを話そうとするのです。


話し合う前に必要不可欠なのが「共通言語」です。

これは「高齢化」についての全体像のイメージだけでなく、現状の課題やありたい姿、心構えや思い込み・偏見などに向き合う視点などの共通言語でもあります。それらを共有できていれば、対話と議論が一気に加速します。言い換えると、井戸端会議や家庭でのおしゃべりネタとしても浸透していくことが期待できると同時に、ご近所やご近所を取り巻く地域の、あらゆる組織や活動の会議、打ち合わせ、意見交換などがスムーズにかつ効果的に行うことができるようになるのです。


この本が目指すのも、いってみればその共通言語づくりです。もっといえば「変化を起こすため」の共通言語。

共通言語の語彙が増えていくことで、人間関係やコミュニケーション上のストレスも大幅に低下していく。その結果として、自然と「温かい」コミュニケーションが生まれ、ご近所やご近所を取り巻く地域の空気が変わっていくのです。

POINT

- ご近所・地域社会に「共通言語」がない。
- テーマごとの話し合いの前に、全体像のイメージを共有することが重要。
- 共通言語を持てれば、地域社会は好転する。

地域共生社会実現の大きなハタを立てて変化を起こす

ご近所の問題を話し合う上で、最初に必要な共通言語が、**ご近所のありたい姿**です。まずはそれを話し合い、共有してから課題に取り組まないと、前には進めません。

「ありたい姿」の中で、私が最も大切だと考えているのが地域共生社会の実現です。その理由は以下の3点です。地域共生社会とは、簡単に言うと、「世代や分野を超えてつながることで、住民一人ひとりの暮らしと生きがい、地域をともに創っていく社会」のことです。(厚労省のホームページ参照)

地域共生社会に近づく物語

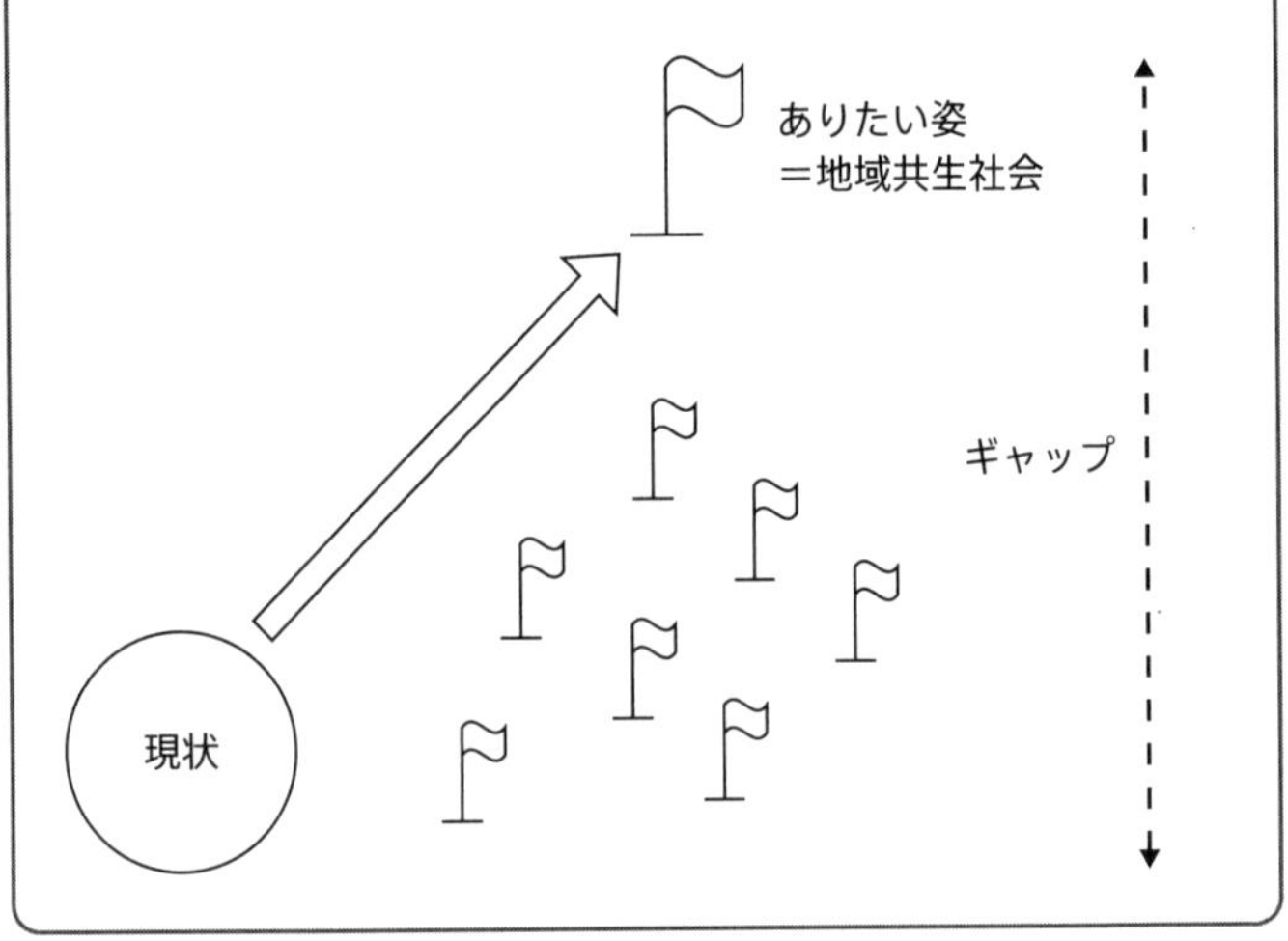

1 **事実**：ご近所の住民の皆さんやご近所を取り巻く地域の皆さんの多くが、次世代に残したい「ありたいご近所の姿」や「ありたい地域の姿」として、地域共生社会をイメージしている。（住民アンケートや住民インタビューの結果より）

2 **仮説①**：ご近所の「共助」を育む先に、ご近所の未来づくりがあり、地域共生社会の実現につながっていく。つまり、ご近所づきあいから地域共生社会への流れのイメージは、ご近所づきあい（共助なし）↓ご近所づきあい（共助あり）↓ご近所の未来づくり↓地域共生社会の実現となる。

3 **仮説②**：地域共生社会に近づく具体的なアプローチの過程（プロセス）に身を置き、小さなハタを立て試行錯誤することが、多くの社会的課題を包括的連鎖的かつ根本的に解決していくことにつながる。

大きなハタ（地域共生社会）に向かって、小さなハタ（目の前の目標）を立てることが、変化を起こすことにつながるのです。これはつまり、ありたい姿にたどり着くためのもろもろを話し合い実行していくことです。

ありたい姿と現状のギャップを体感できることで、私たちは、自然に、未来志向・成長志向で、ご近所とご近所を取り巻く地域を捉えるようになる。そして、最も大切なのは、そのプロセスに身を置いて試行錯誤していることそのものが楽しくなる、幸せを感じるということです。

自分と家族の楽しさ（幸せ感）の中に、ご近所が、自分ごととして、家族ごととして、加わる可能性（希望）が見えてくるのです。

家庭や仕事や学校以外のコミュニティの1つに、ご近所を加えてみることで、人生の楽しみを増やすことができる。ご近所の未来づくりは、人生を変化させる重要なファクターになりうるのです。

POINT

■ ご近所のありたい姿は「地域共生社会」。

■ 大きなハタ（ありたい姿）に向かって、小さなハタ（目の前の目標）を立て変化を起こす。

■ 地域社会の変化、ご近所の未来づくりは、人生の楽しみを増やす。

第2章

地域共生社会をイメージする

小学生の作文「ぼくのおにいちゃん」

この章の話を進める前に1つの作文を引用させてもらいます。「ぼくのおにいちゃん」と題した小学生の作文です。

「ぼくのお兄ちゃんは、障がい者です。生まれつき耳が聞こえません。また自閉症という病気を持っています。お兄ちゃんは耳が聞こえないので、手話・指文字・身ぶり・言葉などでコミュニケーションをとります。

ぼくはお兄ちゃんと話すとき、口を大きく開けてはっきりと話すようにしています。手話も難しいけど時々使います。手話は、遠い所やガラス越しにも使えるので、便利です。だけど、お兄ちゃんの話はいつも一方的なので話が通じない事も多いです。

自閉症という病気はよくわからないけれど、お兄ちゃんを見ているとマイペースで、相手の事は気にしないみたいです。でもけんかをあまりしないので気楽です。またこだわりの電車の事や電化製品の事を知ることができてよかったです。

お兄ちゃんが他の人と違う事に気付いたのはぼくが幼稚園に行っていた頃でした。

お友達のお兄さんは手話を使っていない事に気付いてショックでした。でもそのうちにそれが普通になっていきました。
お兄ちゃんは、外に出てもぼそぼそと一人言を言ったりして、周りの人からジロジロと見られる事があります。お父さんやお母さんは『静かにしなさい』と叱るけど、ぼくは気にしません。それがお兄ちゃんの普通だし、ぼくにとっても普通だからです。手周りのみんながもっと障がい者を知ってくれて、もっと普通になってほしいです。手話もみんなができるようになって、お兄ちゃんがいろんな人と話せるようになると嬉しいです。そして『障がい者』という言葉が無くなればいいと思います。（完）」

私は、この作文を書いた本人（当時小学4年生）とお兄ちゃん（当時中学生）を知っています。彼の想いや希望に対して、ご近所の中で、きっと何かができる。また、障がいのある方だけでなく、何かしらの生きづらさを抱えている方が、少しでも生きやすくなる。地域共生社会を目指す中で可能なことがきっとあるはずなのです。

POINT

■もっと障がい者を知って、もっと普通になってほしいという気持ち。
■地域共生社会を目指すことが「生きやすい」環境をつくる。

後期高齢おばあちゃんたちが見ている景色

生きづらさは、高齢者の方が抱えている問題でもあります。そこで後期高齢おばあちゃんたちの5つの生のつぶやきを紹介します。ここには後期高齢おばあちゃんたちが見ている景色があり、超高齢社会や高齢化について考えるヒントが満載です。

1「80代の坂を登るのが、心も体もこんな辛いなんて、誰も教えてくれなかった。70代までは毎日よく2つも3つも予定をこなしていたと思う。今はもう1日1つがやっとだもの。気がついたら、スローモーションの生活だ。でも命がけ。こけたら人生終わるから」

後期高齢者の急増に伴うスローモーション社会が目前です。イライラせずに、温かく見守り、必要であれば手をさしのべる。未来の自分や家族の姿と重ねて。

2「食事やら掃除やら、当たり前の家事の失敗が増えたし、時間もかかるようになった。悲しいわ、でもこれが現実」

「自信喪失や自己嫌悪」から、「老いと共に楽しく生きる」に転換できるように、私たちみんなでサポートしていくことが大切です。

3「離れて暮らす息子には心配かけたくないから、本音は言わない」

家族や周りの人には心配かけたくないという意識が強いということは、子どもや孫やご近所は、後期高齢おばあちゃんたちが見ている本当の景色（心と体の健康度も含め）を知らないということです。元気を装う外見に惑わされないで、ぜひ本音を言いやすい環境をつくってあげたいです。

4「明日は孫に会うから、今日は美容室。元気で明るいおばあちゃんに変身しなきゃ」

おばあちゃんと過ごす時間はもう残り少ないですよ。若い世代の方は、ぜひ、おばあちゃんに会いに行って、楽しい時間を過ごしてください。おばあちゃん同士のおしゃべりで「孫自慢」をしている笑顔は最高です。また、超高齢社会のリアルについて、おばあちゃんの話から学べることが本当に多いですよ。おばあちゃんの言葉は、私たちの耳にずっと残りますから。

5「この間、お隣の若いご夫婦のお宅にお呼ばれして、お茶をしたの。1歳の赤ちゃんをダッコさせてもらって、本当に幸せな時間だった」

隣に引っ越してきた若いご夫婦の粋なはからいで、独居のおばあちゃんは本当に喜んでいました。私もこの話は直接ご本人から最高の笑顔つきで、3回は聴きました。こんなことが普通にできる若いご夫婦を見習いたいです。赤ちゃんがいなくても、私たちは誰でも、独居のおばあちゃんをお茶に誘うことはできるのではないでしょうか。

後期高齢のご夫婦二人世帯と独居世帯では、自立していても、全く景色が異なります。独居の方の孤独感と不安感は、私たちの想像以上に大きいのです。私の身の回りの、独居の後期高齢おばあちゃんたちの不安・心配ベスト3は、「認知症」「大地震」「緊急連絡」。ここで言う「緊急連絡」とは、急に体調不良で動けなくなった時に、どう連絡して誰が助けに来てくれるかという意味で、孤独死を防ぐこと。孤独死の後、ご近所等の見守りで早めに発見してほしいという意味ではありません。

POINT

- 誰も教えてくれなかった本音。
- 「元気で明るいおばあちゃんに変身しなきゃ」の持つ意味を考えてみる。

お世話好きのおばあちゃんたち

「別に普通のこと」

「学はないけど、できることはしたい」

「誰もやらないから、私がやるだけよ」

私たちは、どこにでもいる、お世話好きのおばあちゃんたちの言動からも、多くのことを学ぶことができます。お世話好きのおばあちゃんたちは、困っている人や悩んでいる人の一言を見逃しません。そして、あっという間に、頭の中にある「ご近所人脈」の中から、あの人とつなげてあげようとか、あのサークル活動に誘ってあげようとか、すぐに声かけに行きます。よく、お世話好きとおせっかいは紙一重といわれます。もちろん、度がすぎる（相手が嫌がる）のは良くないですが、私の周りでは、**相手から感謝されている事例が多い**のも事実です。

あるお世話好きのおばあちゃんは、お住まいの公営住宅団地の中で、ここ数年、急増している「シングルマザー世帯」や「外国人住民世帯」とコミュニケーションを取ろうと奮闘しています。

シングルマザーの母親から「あんたには関係ないでしょ」と言われることがスタートラインだと笑っています。ただ、若い母親は苦労している分、信頼関係ができると、本当に、かわいいと言います。外国人住民世帯の方たちに対しても同じです。相手が日本語を話せなくても関係ありません。「身振り手振りで、たいていのことは通じる」とのこと。あいさつからごみ出しルールまで、真正面から声をかけるのです。最近は、外国人住民世帯が同じ出身国同士でいることが多い反面、孤立している世帯もあり、共に、何とか日本人住民とのつながりを持ってほしいと頭を抱えています。

先日、同敷地内の集会所で、生活支援コーディネーターも加わり、「共生型の居場所づくり」の話し合いがあり、私も部外者ながら、近くの町内会長として参加させてもらいました。集会所を一定時間オープンにして、その間は、誰でも自由に出入りできるようにします。国籍も世代も問いません。一人ひとりが自分なりに楽しく過ごす居場所づくりです。数年前に一度実践された経緯があり、知見もあります。会うたびに学びが多く、そのおばあちゃんの話を聴くのは、本当に楽しいことです。

POINT

■ 別に普通のこと。誰もやらないから、私がやる。
■ ご近所における「お世話好き」を考えてみる。

母子家庭で育った男性がご近所の大人たちから学んだこと

母子家庭で育った20代の男性が、周りの大人たちについて語った話です。

「母は仕事でいつも忙しかったので、ご近所の大人たちが私のことを気にかけて、よく話し相手になってくれました。小学生の頃から、年に数回食事を一緒にするなど、家族ぐるみのつきあいが普通でした。私は、ご近所の大人たちから、いろいろな生き方、人生の選択肢があることを学びました。進路を決める時にも、いろいろ相談に乗ってもらい、大人になった今でも交流があります。本当に感謝しています」

顔と名前が一致する、世代を超えた**ゆるい友人関係**だからこそ、子どもから大人になっても関係が続く、まさに理想形といえます。こんな理想形が普通で当たり前なご近所や向こう三軒両隣が、今の日本にもたくさんあるのです。

子どもたちは、体験を積み重ねることで、一人ひとりの成長物語をつくっていきます。同世代の友だちとの体験はもちろんですが、親と先生以外の**第3の大人**から子どもたちが学べることは多いのです。この男性の言葉にもあるように、「いろいろな生き方、人生の選択肢がある」ことを、目の前の大人たちから学べるのです。逆に、私たちは、ご近所の大人として、子どもたちの視野を広げる、視点を増やすアドバイスができるはずです。

また、私たち自身も世代問わず、成長物語をつくることができます。自分のロールモデルは身の回りにあふれている。逆に言うと、私たちはみんな、誰かのロールモデルになる可能性があるということです。

「私が教師を目指した原体験は、小学生の高学年の時に、同じ町内の低学年の男の子の生活指導係をしたこと」。そう言っていた小学校の先生は、私の目の前で、当時の男の子の父親と楽しく談笑しています。進路を決めた原体験が、ご近所の中にあった事例は、あなたの身の回りにも、きっとあるはずです。

POINT

- 世代を超えた「ゆるい友人関係」。
- 身の回りにロールモデルはあふれている。

40代ひきこもり男性の言葉

「父親と本音で会話できるようになるのに、20年以上かかった。もっと早くこうなっていれば、自分の人生も変わっていたかもしれない」

複数の精神疾患と今でも闘っている40代の男性の言葉です。

この発言で、ひきこもり家族の会の会場の空気が一瞬で変わりました。たぶん、多くの家庭で同じ問題を抱えているのだと感じました。本人は「父親が定年退職して平日家にいるようになって、自然と会話する機会が増えたことで、お互いの本音を言い合える関係が構築できたのだと思う。それまでは、父親は外で稼ぐ人、母親が自分と向き合う人、と家の中で両親の役割がずっと固定していた」と言います。

その原因は**「家の中の縦割り」（家族の役割の固定化）**と**「家とご近所との縦割り」（ご近所からの孤立）**です。これはひきこもりだけでなく、生きづらさを抱える多くの世帯に共通しています。この男性の言葉が、「2つの縦割り」に対して、ご近所ができることを探すきっかけとなりました。

ご近所には、ひきこもりの世帯もあります。ひきこもりではなくても精神疾患を抱えていて困っている住民の方もいます。ご近所だからこそ、おかげさまとお互いさまで、家の内と外をつなぐことが、普通にできるはずです。

例えば、「何か困っていることはありませんか」と1回声かけをするだけでは、「大丈夫です。ありがとうございます」と返されて終わりです。大切なことは、「今度一緒におしゃべりしませんか」「町内でこんな活動がありますので、今度見学してみませんか」と、何か一緒に行動する視点で、くりかえし声かけすることです。

詮索するように質問するのはＮＧ。生きづらさなど、個人やご家庭の悩みや相談ごとについて、話しやすい雰囲気をつくる。時間をかけて、楽しい会話をくりかえすことで、相手は「実は」と重い口を開いてくれます。中には、すぐに愚痴や悩みごとを機関銃のように話し出す方もいます。環境（受け皿）があれば、誰かに話を聞いてほしかったという人は想像以上に多いのです。

POINT

- 2つの縦割りが引き起こす孤立と孤独。
- ご近所には、さまざまな生きづらさを抱えた人がいる。

なぜ精神疾患に光を当てるのか

ご近所とご近所を取り巻く地域には、精神疾患で悩んでいるたくさんの住民の方々が普通に生活しています。厚労省は２０１１年に、がん、脳卒中、急性心筋梗塞、糖尿病の「４大疾病」に、新たに「精神疾患」を加え、「５大疾病」に位置付けました。つまり、精神疾患は、誰でもなりうる「脳の病気」なのです。

しかし、診断名が多くわかりづらい。うつ病、認知症から、各種依存症、発達障がいなどなど。しかもそれぞれの病状も多様で、別の精神疾患の病状とも重複しているため、因果関係がわかりづらいのです。同じ症状でも、医師によって異なる診断が出たとか、自分に合う薬にたどり着くのに何年もかかったという声もよく聞きます。「精神疾患」は、脳のダメージや機能異常が想定される病気ではありますが、一方で、心理的ストレスが主要因ともいわれています。

そこで、最大の敵であるストレスを減らすために何ができるか。ストレスをゼロにすることは現実的ではないので、ストレスをコントロールして減らすことが大切なのです。さまざまなストレスから、メンタルヘルス（心の健康、精神面の健康）の不調になると、「精神疾患」（メンタルの病）、その先の「精神障がい」につながっていく可能性があります。

ご近所とご近所を取り巻く地域に向き合っている私が、この精神疾患に光を当てるのには、２つの理由があります。

１つめの理由は、**周りに支援者がいないと、貧困に直結しやすいから**。精神障がい者の就労比率は、身体障がい者や知的障がい者より圧倒的に低く、動的に捉えた定着率も、精神障がい者が一番低いのが実態です。（厚労省「平成29年障害者雇用の現状等」参照）

２つめは、ストレスをコントロールして減らすことで、**多くの社会的課題に対して横串を通して解決できるから**。「ストレス」は精神疾患の主要因として、多くの社会的課題の解決を阻む、共通の根本的な壁なのです。

私たちの身の回りには、子どもから高齢者まで、世代問わず、精神疾患で悩んでいる方であふれています。長期間、病気と共に生活している方も多く、本人、その家族共に大変なご苦労をしています。

実は病気に向き合っていることをご近所にオープンにすることで、得られることがいくつもあるのです。

1　大きな安心
2　病気に関する、新しい情報
3　同じ病気を抱える人との交流
4　家族へのサポート
5　病気への偏見をなくす社会貢献

精神疾患をご近所にひらくことは、大きなメリットがあるのです。

3つの回復（リカバリー）という言葉があります。「病気の回復」「社

ストレスの減少で課題を連鎖的に解決する

多くの社会的課題に横串を通して、包括的連鎖的かつ根本的に解決できる要因が、「ストレスの減少」です。

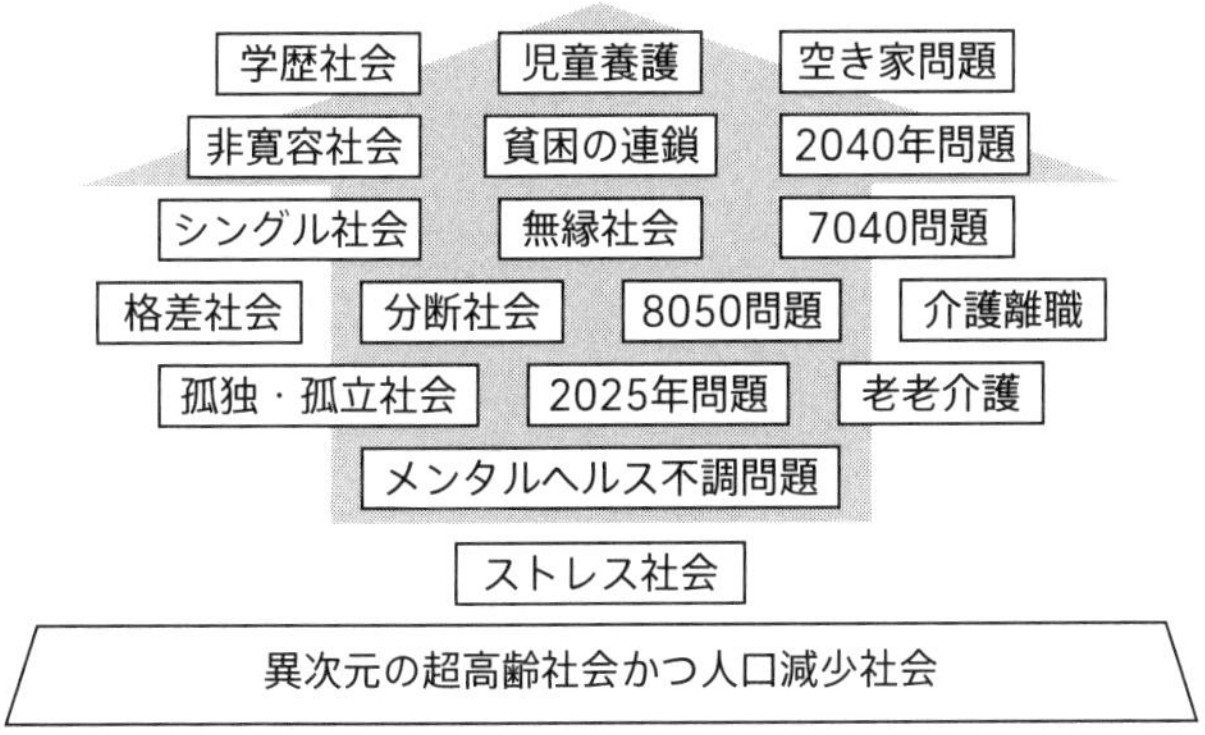

会性の回復」「個性の回復」のことです。病気以外の社会性と個性の回復の練習台として、ご近所にできることはたくさんあると信じています。うまくいかない時は、多様性に向き合う時の「不安」や「摩擦」と同じように捉えてみましょう。もし、精神疾患のある方とトラブルが起きるなら、その原因は、周りの環境（私たちの言動）にあるのです。

POINT

- 精神疾患は誰でもなりうる病気である。
- みんなのストレスを減少させる。

同じ境遇の人が体験談を話す「ピアサポーター」

「ピアサポート」とは、同様の経験をした仲間同士による支え合い活動のことをいいます。病気や障がいのある人同士が、自らの体験に基づいて支え合うのです。精神疾患を抱える方や障がい者への支援、福祉の場で使われることが多いのですが、子どもを持つ親同士や介護をする人同士など、さまざまな局面で必要とされるものです。

生きづらさを抱える人たち向けの「当事者会」「自助グループ」「家族会」が、全国にあり、疾患別であったり、症状別であったり、いろいろなカタチがあります。体験者本人や家族が運営に関わっているケースも多く、体験者本人がピアサポーターとして活動していることもあります。生きづらさを抱える人たちの心の支えになってくれるだけでなく、家族が希望を持つお手伝いもしてくれるのです。先ほど紹介した「40代ひきこもり男性」も、ピアサポーターとして活躍しています。

医師や専門家、家族の話には耳を貸さない人も、ピアサポーターが苦労した体験談を話してくれた後なら、自分の真情を素直に吐露することもできるのではないでしょうか。ピアサポーターによって、心や体に大きなダメージを受けた方が、社会復帰されていくこともあります。

障がいや難病などの分野では、ピアサポーターの活躍の場は、福祉サービス事業所にも広がりつつあります。福祉人材が不足する中で、自身の経験を生かして働くピアサポーターに期待が集まっている一方、専門職の多職種連携の組織の中で、ピアサポーターの位置付け、雇用体制の整備及び人材育成（研修や資格を含む）などに課題も多く、現場での試行錯誤が続いているのが現状です。

ピアサポーターの存在や、その活動を紹介して、草の根から広げていくことも、地域共生社会に向かう具体的なアプローチの1つです。

POINT

- 同様の経験をした人同士による支え合い「ピアサポート」。
- ピアサポーターの活動を広げていく。

第3章

ご近所の共助を「自分ごと化」する

2030年に需要の高いスキルは学校では教えてくれない

皆さんは、「フューチャースキル」という言葉を聞いたことがあるでしょうか。オックスフォード大学のマイケル・A・オズボーン准教授が、2017年に発表した論文「スキルの未来」（原題：THE FUTURE OF SKILLS EMPLOYMENT IN 2030）で、「2030年に必要とされるスキル」をまとめています。全体で120のスキルが挙げられていますが、その中の上位15位は次の通りです。

1 戦略的学習力
2 心理学
3 指導力
4 社会的洞察力
5 社会・人類学
6 教育学
7 協調性

8　独創性
9　発想の豊かさ
10　アクティブ・ラーニング
11　心理療法・カウンセリング
12　哲学・神学
13　スピーキング
14　サービス志向
15　アクティブ・リスニング

1位に挙げられている「戦略的学習力」とは、新しいことを学び続ける力、より深く学ぶ力であり、生涯学び続ける学び方を身につけることです。変化の激しい時代へ対応するために、自ら変化を楽しむことが大切であることを象徴しています。

ここで、何か気になりませんか？　世の中で盛んにいわれているプログラミング、語学、数学というスキルが、上位15位には入っていないのです。

このフューチャースキルは、１つ１つのスキルを学ぶ目的という視点から横串を通すと、**人間性と多様性を理解して社会性を身につけ、公共心を育むことで、人生を切りひらいていくこと**だと言えます。これはご近所に必要なこと、かつご近所から学べることではないでしょうか。

２０１９年に東京の天王洲で開催されたオズボーン准教授の来日トークイベントに出席した際、私は「ご近所やご近所を取り巻く地域は、フューチャースキルを育む場として、最高の場の１つになりうるのではないか」という質問をしました。これにオズボーン准教授やパネリストの方々は、ご自身の体験談を踏まえ、イエスと答えてくれました。

核家族化や個人主義の影響で、ご近所とのつきあいを避ける人が増えています。しかし、ご近所を「自分ごと」として捉えることで、今以上の、学びがあり楽しみがあり、未来につながるのです。

POINT

- 2030年に必要とされるフューチャースキルは、人間性と多様性を理解して社会性を身につけ、公共心を育むこと。
- ご近所は、フューチャースキルを育む場として最適である。

教育界で話題の非認知能力が育まれる

教育界で注目されている「非認知能力」。学校での学科の授業で身につく「認知能力」ではなく、やり抜く力、好奇心、自制心、誠実さ、楽観的なものの考え方などのことをいいます。子どもの未来をひらく「生きる力」とも呼ばれているため、特に子育て世代が注目しています。

「非認知能力」は、親や先生以外の、ご近所の大人などの「第3の大人」との交流を通じて、世の中の**「視点」を増やすことでも育まれるもの**といわれています。私たち大人ができることはたくさんあるのです。

前述の「フューチャースキル」と、この「非認知能力」は、一般的に、前者は大人や学生向け、後者は子ども向けの文脈で使われることが多いです。しかし、大人も子どもも同じだと私は考えています。例えば、コミュニケーション力の向上は、大人も子どもも共通の課題です。いじめは学校だけでなく、大人の普通の職場でも当たり前にあります。

ここで、少し目線を変えて、生きていく上で大切な「人としての魅力」について考えてみましょう。これも、いわゆる教科書の勉強の枠外ですが、一般的に次のように言われています。

・明るさ、元気さ、前向きさ
・ユーモア、茶目っ気
・素敵な裏表のない笑顔
・心の強さ

- **包容力、心の優しさ**
- **その人らしさ、独自性**

などです。

「非認知能力」も「人としての魅力」も、私たちのご近所で育むことのできるものではないでしょうか。

POINT

- 非認知能力の向上に、「ご近所の大人たち」は貢献できる。
- ご近所は、さまざまな能力、人としての魅力を身につける場である。

なぜあいさつをする地域は治安がいいのか

アメリカの犯罪学者ジョージ・ケリングが提唱したものに「割れ窓理論」というものがあります。これは、建物の窓ガラスが割れた際、それを放置しておくと、誰もこの建物に注意を払わなくなり、建物の周辺にごみが捨てられ、軽犯罪が増え、地域の環境が悪化して、やがて凶悪犯罪が多発するという理論です。

別の言い方をすると、軽微な犯罪（1枚の窓が割られる）を徹底的に取り締まることで、凶悪犯罪を未然に防止できるというものです。

これは、町内にも当てはまります。

・収集日が守られずいつもごみ袋が置かれた集積所
・犬の糞が置き去りになった道路
・雑草が生い茂った空き地
・半分崩れかかった空き家

このような環境が皆さんの住む町内にはないでしょうか。

この放置状態が意味するのは、住民が自分の住む町内に関心がないということです。こんな町内はドロボウの格好の仕事場です。

そこで、犯罪対策に有効なのが、「あいさつ」です。近所の見知った人だけでもかまいません。目を合わせて「こんにちは」と声を発する。たったこれだけで、ドロボウは「この町で仕事をするのはやめておこう」と躊躇するのです。

ドロボウが嫌がることは４つあるといわれています。

1「音」が出る

大きな音が出ると周囲の人に気づかれやすい。

2「光」が出る

明かりがあると何をしているか見られやすい。人に見つかった時に隠れにくくなる。

3「人の目」が気になる

不審な動きを見られて通報される恐れがある。

4「時間」がかかる

ピッキングする時に時間がかかると、見つかる可能性が高まる。

あいさつを積極的に行うことは、３の「人の目」にあたります。住民があいさつをすることで、下見をしているドロボウが「よそ者」であることを見抜くことにもなるのです。ご近所の人に会ったらあいさつをするという簡単な行為が、自然と町内や地域の治安を高めます。しかも、この防犯対策は無料でできるのです。
ご近所中が仲良くなり、しかも犯罪もなくなる。素晴らしいことだと思いませんか。

POINT
- 無関心が犯罪を呼ぶ「割れ窓理論」。
- ご近所ではあいさつが犯罪抑止になる。

世帯状況マップをつくろう

「ご近所の共助（支え合いや助け合い）といっても、それぞれの家の世帯状況がわからないと何もできない」という意見が、町内会などの場ではよく出ていました。しかし、個人情報の問題もあり、すべてを把握するのは難しいというのが結論でした。
それを何とかしたいと考え続けていた時に、避難行動要支援者名簿の登録者は、有事（災害時）と平時（平常時）に、行政に加えて町内会長、民生委員、自主防災組織等に名簿等の個人情報を共有することに、すでに同意していることに気がついたのです。

つまり、避難行動要支援者名簿の平時からの活用の一環であること、加えて日頃の暮らしの「あいさつ」や「共助」を育むことを目的とすることに同意をとれば、避難行動要支援者名簿の登録者だけでなく、近隣の住民（同じ班や同じ棟など）と一緒に、世帯情報の共有はできるとひらめいたのです。

すでに、町内会や自主防災組織などが独自に世帯情報一覧等をつくって、災害に備えたりしているところ

世帯状況マップのイメージ

世帯代表Aさん（住所、氏名、電話）	世帯代表Eさん（住所、氏名、電話）
・高齢独居世帯（1名） ・避難行動要支援者名簿登録あり ・耳が聞こえにくい	・高齢夫婦世帯（2名） ・避難行動要支援者名簿登録あり ・高齢女性の透析通院
世帯代表Bさん（住所、氏名、電話）	世帯代表Fさん（住所、氏名、電話）
・2世代同居世帯（5名） ・20代女性の障がい	・家族3人世帯（3名） ・犬1匹
世帯代表Cさん（住所、氏名、電話）	世帯代表Gさん（住所、氏名、電話）
・子育て世代世帯（4名） ・小さなお子さんが2人	・高齢夫婦世帯（2名） ・避難行動要支援者名簿登録あり ・高齢男性の認知症
世帯代表Dさん（住所、氏名、電話）	世帯代表Hさん（住所、氏名、電話）
・高齢独居世帯（1名） ・避難行動要支援者名簿登録あり ・週3日デイサービス	・家族3人世帯（3名） ・高齢女性の日中独居

はありますが、一般的に住民には共有されていません。
「世帯状況マップ」とは、従来の住民名簿（住所、世帯代表者氏名、電話番号）に「世帯構成」「避難行動要支援者名簿の登録の有無」「共有したいこと」などをプラスするイメージです。住宅地図と配置を同じにする意味でマップと名付けています。

例えば「共有したいこと」として、障がいの有無や在宅介護、認知症、独居、日中独居、耳が聞こえにくいなど、本人や世帯の意向として記載されます。それを他の世帯が目にすることで、災害時の助け合い、日頃の声かけや目配りのイメージが明確になり、一気に多くの住民の方が共感して協力してくれるようになったのです。

世帯状況を把握するという大きな壁を突破できた要因は、大きく次の3つのポイントにあったと考えています。

1　個人情報共有の3つの同意（使用目的、開示内容、開示範囲）

2　戸別訪問

3　避難行動要支援者名簿の活用

（最初から、この点にこだわる必要はありません。実際は、同名簿の保管者が限定されていること、さらに同名簿がうまく運用できていないところが多いからです）

特に、最初の個人情報共有の3つの同意（使用目的、開示内容、開示範囲）は大切です。この3つの同意内容を前提条件として議論しないと、「個人情報」という言葉だけでは話が進みません。個人情報にもレベル感があることを理解することがスタートラインです。

ただし、あくまで参加、不参加は任意であり、世帯状況マップの共有に賛同しない住民の方もいらっしゃいます。価値観の多様性には十分に配慮する必要があります。

最初に世帯状況マップの話をすると、多くの住民から情報漏洩や悪用が心配との声があがります。ですので、情報の悪用リスクをゼロにすることはできないが、メリットや安心感のほうが大きいと判断したことをきちんと伝える必要があります。さらに、次の一言で、見事なまでに場の雰囲気が一変します。

「でも、もし自分がドロボウだったら、世帯状況マップが共有されている場所は〝ご近所の鋭い目〟があるので、避けますよね」

世帯状況マップの活用法として、または、世帯状況マップの代替として、個人情報の開示範囲内（向こう三軒両隣、同じ班、同じ棟、同じフロアなど）で、世帯状況紹介を行うことをオススメします。住民同士で集まって自己紹介に加え世帯状況紹介をして、在宅介護、老老介護、認知症、障がい、日中独居など、普段の生活ではわからない各世帯の状況を共有することです。

この世帯状況紹介の場の空気・空間がとても「温かい」のです。以下の参加者からの声がすべてを物語っています。

- こんなに近くで生活しているのに何も知らなかった
- なんで今までこれができなかったのか
- ご近所の景色が変わった
- 自分にできることを考えたい
- 今度は、子どもと一緒に参加したい
- 世帯状況を伝えられてよかった

「まず、あいさつから」を「まず、世帯状況マップから」に、みんなでシフトしていきましょう。そうすることで例えば、あいさつの質の変化をすぐに実感できます。「ただのあいさつ」から「笑顔のあいさつ」へ。そして、自分の目線の変化にもすぐに気づきます。「自分の家」に一直線から、「ご近所の家の様子」に自然と目が向いています。

世帯状況マップも世帯状況紹介も、個人情報の取り扱いルール（紙の場合は大切に保管する、複製は禁止する、開示範囲外には口外しないように気をつけるなど）を決めておくこと以外は、難しいことはありません。町内会や自主防災組織がない場合でも、もしくはあっても動かない場合も大丈夫です。有志のチームではじめてみてください。ボランティア活動等に位置付けて、若い世代の皆さんも、ぜひ挑戦してみてください。近隣住民の皆さんから感謝されるだけでなく、最高の体験・学びの場になるはずです。

POINT

- 世帯状況マップでご近所の人の顔が見えてくる。
- 顔が見えれば、共助が当たり前になる。

「一次情報」の大切さを理解しよう

情報は、その情報源によって、一次情報と二次情報に分けられます。一次情報とは、自分自身の体験によって得た情報や考察、自分自身で行った実験や調査の結果のことで、自分自身が情報源です。

一方、二次情報とは、人から聞いた情報のことです。この本を読んで得た知識や情報は二次情報ですが、この本を読んで、自ら動いて見えてきた新しい景色・感情・考えなどは、あなたの一次情報です。

人の意見よりも、実際の観察や体験を通じて、自分がどう感じるか、どう考えるかが圧倒的に重要な時代を、私たちは生きています。自分自身で体験して気づいて学んだことは、簡単には忘れません。そこから自分の言葉が生まれるからです。

ご近所は、多くの生きづらさ（生活課題）を抱える人たちが暮らす場です。生活課題の背景にある多くの社会的課題の現場ともいえます。だから、ご近所に向き合うことで、社会的課題の現場を体感できる。このことは、「一次情報の獲得」と呼ばれ、イノベーションを創出する文脈でも、2つのソウゾウリョク（想像力と創造力）を育む文脈でも、人間性・多様性を理解する文脈でも、これからますます大切になってきます。

「百聞は一見にしかず」という言葉には続きがあります。

1「百聞は一見にしかず」

聞くだけでなく、実際に自分の目で見てみないとわからない。

2「百見は一考にしかず」

見るだけでなく、自分で考えないと意味がない。

3「百考は一行にしかず」

考えるだけでなく、実際に行動してみるべきである。

4「百行は一果（効）にしかず」

行動するだけでなく、成果や効果を出さなければならない。

5「百果（効）は一幸にしかず」

成果や効果を出すだけでなく、それが幸せにつながらなければならない。

6「百幸は一皇にしかず」

自分の幸せだけでなく、みんなの幸せを考えることが大事である。

自分の目で見ること、自分で考えること、そして自分で動くことが、みんなの幸せにつながっていくなんて、ワクワクしてきませんか。

POINT

■ 自分で得た情報である「一次情報」が大切。

■ 自分で見て、動くことは、みんなの幸せにつながる。

子どもから家庭へ、子どもから地域へ

この見出しの言葉は、平成29年・30年の学習指導要領の改訂について、小学校の校長先生が語った言葉です。子ども起点で家庭と地域を変えていくという視点が新鮮です。今の子どもたちは、親や祖父母が体験したこともない「異次元の超高齢社会かつ

人口減少社会」を生き抜くことになります。学習指導要領では「生きる力」について、小学校の中高学年の社会科の目標の1つとして、以下のように定めています。

「地域の産業や消費生活の様子、人々の健康な生活や良好な生活環境及び安全を守るための諸活動について理解できるようにし、地域社会の一員としての自覚を持つようにする」

親やご近所・地域の大人たちが、子どもとどう向き合っていくのか、そのヒントは、**子どもからの地域に関する素朴な質問に大人として、どう答えていくか**を考える中にあります。

小学校の校長先生のこの言葉は、実は、子どもの親に向けた言葉です。子どもたちからの素朴な問いへの回答を準備する意味でも、私たち大人は、この言葉の深い「愛情」の意味を考え、ご近所や地域との関わり方を見直していく必要があります。私たち大人の想像力が試されているのです。

親から「ご近所づきあいは大人の世界で、子どもは関係ない」、「ご近所は危ないから、関わらないようにしなさい」と言われて育った子どもが、地域社会はどうあるべきかについて、「多様性」「共助」「共生」について「自分の言葉」で相手に伝えることができると思いますか。

コミュニティスクール（学校運営協議会制度）とは、地域と共にある学校づくりを目指すもので、その運営において、保護者以外の地域の大人ができることを考えていくものです。

超高齢社会の定義は高齢化率21％以上。現在の日本は約28％、しかも２００８年をピークに人口は減り続けています。超高齢社会も人口減少社会も将来の問題ではなく、今の問題です。くりかえしますが、今の子どもたちは、社会人のスタートから、私たち（人類）が体験したことのない「異次元の超高齢社会かつ人口減少社会」の中を生き抜いていくことになるのです。

POINT

- 子どもたちから家庭、地域を変えていく。
- 超高齢社会を生き抜く力をどうやって子どもに与えるのか。

総合型選抜（旧ＡＯ入試）で有利になる

大学入試における総合型選抜とは、名称変更前のＡＯ入試・自己推薦入試のこと。共通テストや2次試験テストの結果による一般選抜（一般入試）とは異なり、基本的に「エントリーシート」と「面接」（小論文や学科試験の有無など複数の組み合わせがある）の2つが、合否の大きなウエイトを占めます。

人物重視、進路重視などといわれ、受験生一人ひとりの体験や活動から、どんな考えや想いが生まれたのか、その延長線上に志望学部（志望学科）や目指す社会人像・生き方（未来のビジョン）があるかといったことを見られます。

つまり自分の成長物語が問われているのです。成長の過程で目の前の壁をどう乗り越えたか、どう乗り越えようとしているかが問われています。こんな活動やボランティアに参加した、こんな資格を取得した、こんな勝負に勝ったなど、単に事実を並べた自慢話ではダメなのです。そこから何を学び、どんな考えや想いが生まれたかが大切です。

自分の成長物語は体験からスタートします。体験を通じて、自分で課題を発見して行動を起こす。一歩を踏み出すと、次の景色（課題）がまた見えてくる。そういったイメージです。

ここで大切な点は「自分で考えて行動を起こした」という事実です。逆に、志望する大学での「目指す学び」が先にあれば、それにつながる体験や活動に取り組めばいいのです。多くの社会的課題の現場である「ご近所」が、最高の体験（話を聴いたり、活動に参加したり、活動を起こしたり）の場の1つになりうるのです。

子育て世代の皆さんは、「地域社会に開かれた教育」という学習指導要領の言葉の意味や、前述した「コミュニティスクール（学校運営協議会制度）のありたい姿」について、ぜひ、子どもの成長物語をつくる視点から考えてみてください。

ここで、エントリーシートや面接で求められているスキルを紹介します。本章で前述した「フューチャースキル」にある「アクティブ・ラーニング」です。主体的に能動的に学ぶ学習方法を指し、体験・調査・問題発見・問題解決などを、グループワークやグループディスカッションを通して学習することです。新しい学習指導要領が推進していることもあり、大学だけでなく、幼稚園から小・中・高校など多くの教育機関で、すでに取り入れられています。ひと昔前の、ひたすら学校の先生の話を聞く「受け身の学び」では、これからの不透明で不確実な時代を生き抜くことができないということです。

また、キャリアパスポートというものをご存知でしょうか。文部科学省が2020年4月から全国の小学校・中学校・高校に導入したもので、自らの学習状況やキャリア形成を見通したり振り返ったりしながら、自身の変容や成長を自己評価できるツールのことをいいます。そのキャリアパスポートでの振り返りや今後挑戦しようと思う項目でよくあるのが、「学習面で」「生活面で」「家庭や地域で」「その他（習い事・資格取得など）で」の4つです。つまり、「家庭や地域」での成長物語がキャリアパスポートに含まれているのです。

もうお気づきかもしれません。大学入試の総合型選抜における「エントリーシート」と「面接」は、就職活動、転職活動、セカンドキャリア、及び複業先探しなど、人生のさまざまな挑戦に求められているものといえるのです。つまり、私たちは、生き方、学び方、働き方、及びご近所やご近所を取り巻く地域との関わり方を、年齢問わず、人生のどのステージでも問われているということなのです。

POINT

■ 総合型選抜（旧ＡＯ入試）で問われるのは「自分の成長物語」。
■ それは人生のさまざまな場面で必要なもの。

「忙しくて時間がない」が変わる

コロナ禍で、オンライン会議、テレワーク等のテレコミュニケーションを可能にするツールが、私たちの暮らしに一気に浸透しはじめています。近年のＳＮＳの普及と相まって、ご近所やご近所を取り巻く地域でも、いろいろなツールを活用できる時代になっています。

ここで、コミュニケーションツールを活用する３つの目的を考えてみましょう。

1　時間や場所の制約を突破すること
2　適時適切に情報を共有すること
3　活発かつ有意義な対話や議論を行うこと

つまり、コミュニケーションをより簡単に楽に、そして、より活発にすることではないでしょうか。いつでもどこでも、テーマごとの情報共有や意見交換等に参加できる、より自由な環境をつくることは、あらゆる地域活動に共通の課題である「私たち住民の意識が低い（住民の参加が少ない）」と「高齢化による担い手不足」を同時に解決できるアプローチでもあります。（詳しくは第8章でお話しします）

最近はこういったツールの中に、地域活動のコミュニケーションやチームワークを支援するサービスも増えています。会社で使う業務オペレーションの機能は複雑ですが、町内会やPTAなどであれば「カレンダー」や「掲示板」機能だけで十分です。

ここで、強調したい点は、会議資料、議事録、連絡事項及び回覧などをWEB対応しただけでは意味がないということです。あくまでコミュニケーションツールなので、議論したいテーマごとに、情報共有や意見交換の履歴をわかりやすく残しながら、みんなの学びの場として楽しむイメージです。
コミュニケーションツールの話をすると、高齢者はスマホが使えないから取り残されるという意見が必ず出ます。前述した3つの目的のため、従来の紙ベースに、新たなツールを1つ追加するだけ。つまり、参加手段の1つとしてデジタルツールを取り入れればいいのです。結果的に、みんなが情報共有や意見交換を通じて、学びを楽しむことができるように、各手段から得られた内容をまとめる作業を工夫すればいい。紙もWEBもリアルでの会話も、すべてお互いに補完関係にあり、相乗効果が期待できます。変化を起こし、効果を出すためには「デジタル×アナログ」を実践していく必要があるということです。

POINT

- 「時間がない」を解決するコミュニケーションツール。
- デジタルとアナログを掛け合わせて、より効果的なコミュニケーションを。

第4章

変化を起こす「考え方」「心構え」に向き合う

「考え方、心構え」と「メンタルモデル」の違い

思い込み、固定観念、偏見、潜在意識、深層心理など、考え方や心構えをつくり出す「無意識の前提」が「メンタルモデル」です。ベストの考えがうまくいかない理由、言い換えると、新しく素晴らしい社会システムが期待通りの効果を生まない理由は、メンタルモデルが原因だといわれています。

ご近所でも、ご近所を取り巻く地域でも、未来志向で現実を変えていこうと行動する多くの人が直面する大きな壁が、このメンタルモデルです。私たち住民の意識の根っこ・根底（ネガティブの塊）がこれに当たります。

だから、メンタルモデルから目をそらしたままでは、期待する変化や効果は生まれない。いつもと同じ古いパターンの再現が変化を阻害してしまうのです。

私たちは自分がよく知らない相手や物事に対しては、固定観念や偏見で「怖さ」を感じるものです。例えば、「外国人は何をするかわからない」といったメンタルモデルがあると、外国人住民との人づきあいの距離感を縮めようとはしません。

このメンタルモデルに向き合う姿勢の1つが、相手を自分や自分の家族に置き換えてみる、**つまり自分ごとで捉え直してみること**です。「自分や自分の家族が、海外で生活していたら」と考えてみるとどうでしょうか。「何をするかわからない」などと思われていたら悲しくなりませんか？　もしくは怒りすら覚えるかもしれません。そうして自分のこととして考えれば、不幸なメンタルモデルは必ず崩れるはずなのです。

メンタルモデルの言語化に挑み続けてきて、1つ見えてきたことがあ

私たちの言葉や行動の土台について考えてみよう

相手や自分の「考え方、心構え」をつくり出している「メンタルモデル」をのぞきに行こう！

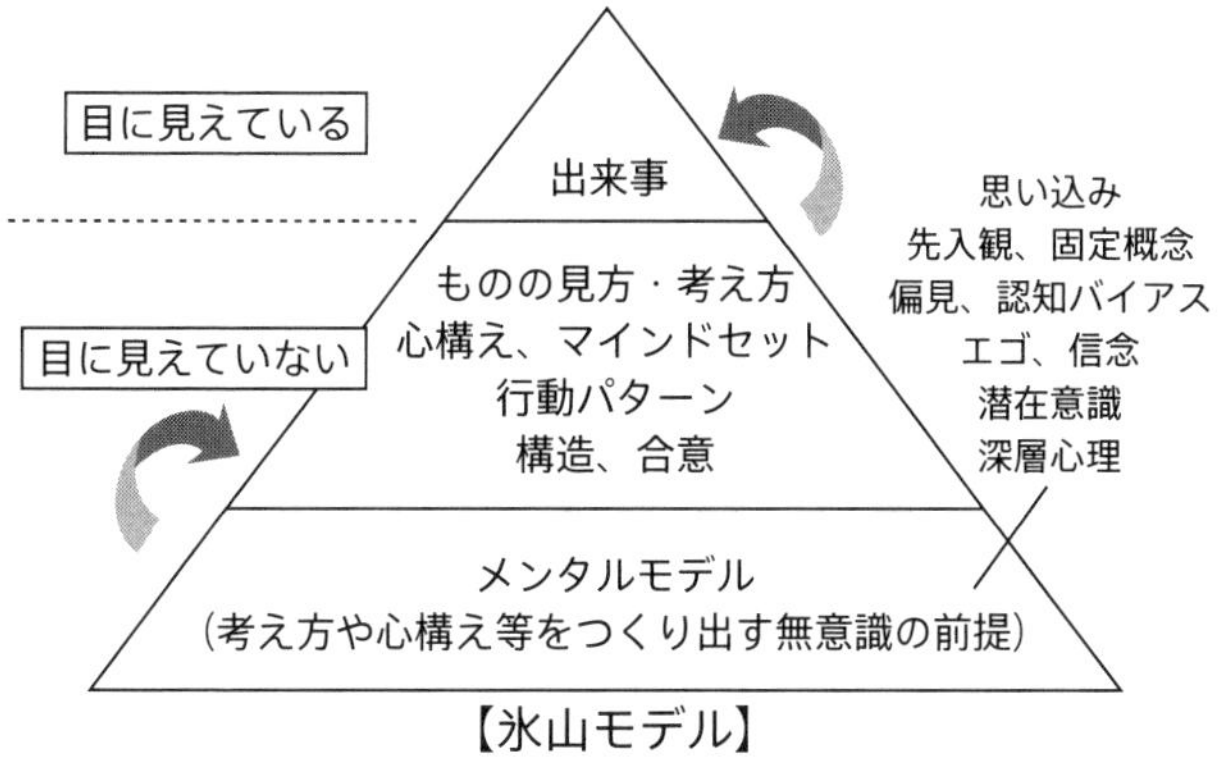

【氷山モデル】

ります。それは「多様性」の向き合い方と同じだということです。自分の中に、両方あっていい、矛盾があっていいのです。「バランス感覚」こそが、大切なのです。ここでいうバランスとは、5対5で均衡をとることではありません。3対7でも1対9でもいい。ただし、どれかを全否定はしないということです。

さらに、社会の変化、世帯状況の変化、個人の心や体の健康状態の変化など、時系列でそのバランスも変化していくものです。すなわち、「多様性を包み込む」ように、「メンタルモデルも包み込む」のです。

メンタルモデルについては、本章ではなく、続く第5章で具体例を見ていきます。本章では、氷山モデルの真ん中、考え方や心構えなどについてみていきましょう。

POINT

- 固定観念など「無意識の前提」を「メンタルモデル」という。
- 偏見などのメンタルモデルを取り払うために、物事を自分ごととして捉えてみる。
- 多様性を包み込むように、メンタルモデルも包み込んでみる。

できそうでできていない、相手の話を聴くこと

「聴くとは、この漢字の構成が示している通り、耳と目と心で聴くこと。すなわち、相手の表情やしぐさにも気を配り、相手の心の声にも耳を傾けること」

これは、ひきこもり家族の会で、「聞く」と「聴く」の違いについて話をしていた「傾聴」の専門家の言葉です。不登校やひきこもりの初期段階で、本人がストレスや罪悪感で押しつぶされそうになっている時に、思い切って、両親や祖父母に悩みを打ち明けた場面を想像してみてください。

本人の話を最後まで聴くことなく、「学校や仕事から逃げるのは根性がないからだ」など、頭ごなしに本人を責める親や祖父母が多いのです。それでは本人は、この親や祖父母に何を言っても無駄だと心を閉ざしてしまいます。そして一度、心を閉ざしてしまうと、本音の会話ができなくなってしまうのです。

こうして、本来、本人にとって一番安心できる家庭が、一番ストレスがかかる空間に変わってしまう。これがひきこもりの長期化の主要因といわれています。

江崎グリコ株式会社が2018年に実施した「母と子のコミュニケーション調査」によれば、

「子どもは母親に声をかけづらい（母親の認識とは逆）」

「母親の片手間感に子どもは敏感」

「母と子の2人一緒の時間が重要である」

「母と子の会話は頻度が大事で、頻度が多いほど、気楽に相談できる」

という意見が多く見られました。

多くの専門家が口を揃えていうように、「傾聴」こそが、あらゆる精神疾患（メンタルの病など）の予防と回復に効果的なのです。

これは地域活動の現場のコミュニケーションも同様です。発言者の話が終わる前に、その話をさえぎる形で、否定したり話題を変えたりする人たちがとても多いのには驚きます。

まずお互いに相手に敬意を払い、しっかりと相手の意見に耳を傾けることからはじめてみましょう。特に、私たち自身の考えやアイデアがある場合は要注意です。「こうあるべき」という意識が強い分、無意識のうちに相手の言葉をさえぎっていることがよくあります。しかし、「傾聴」の姿勢を意識するだけで、世の中のあらゆるコミュニケーションのストレスが、お互いに一気に減少していくのです。

POINT

- 「傾聴」とは相手の心の声にも耳を傾けること。
- 傾聴こそが、コミュニケーションを円滑にする。

人づきあいは「ゆるくかるく」で大丈夫

人づきあいは、コミュニケーション力を育む大切な機会となること、人とつながることでしか人間性や多様性を理解することができないという事実を理解することがスタートラインです。

ご近所づきあいを考える時に、いきなり「強いつながり」をイメージする人が、世代問わずたくさんいます。だから、ご近所づきあいは面倒くさいとなるのです。

人とのつながりは、家族や親友などの「強いつながり」以外に、「弱いつながり」「ゆるくかるいつながり」「サラッとしたつながり」など、さまざまなカタチがあっていいはずですよね。

弱いつながりからの方が、自分にとって新しく役に立つ情報を入手できるという研究結果は**弱いつながりの強さ**として世界的に有名です。私と「強いつながり」にある人は、私の性格や好き嫌いをよく知っているので、私に合わないと判断した情報は無意識のうちに削除してしまうのです。しかし、私のことをあまり知らない人は、今の私のためを思って、より客観的に、より自由に情報提供してくれる。そのため新しく、役に立つ情報が手に入るのです。このことは友だちづくりにも当てはまります。特に、年が離れた（世代が異なる）友だちは、視点や価値観の幅を一気に広げてくれます。

また、弱いつながりの方が、**多様な幅広い情報をすばやく効率的に遠くまで伝播できる（遠くから入手できる）**といわれています。その意味で、私たちの人的ネットワークについても同様に、ご近所で「弱い（ゆるく・かるい）つながり」が広がっていくと、セカンドキャリアや複業などは、ご近所に紹介してもらう時代がやってくるでしょうし、ご近所雇用（特に、生きづらさを抱える本人に対する）も視野に入ってくる可能性が広がってきます。

ご近所やご近所を取り巻く地域の活動は、ゆるくていいのです。自分に合わないと思ったら、休むのも辞めるのも自由です。任意なのですから。

理想は出入り自由。世代を問わずに、世帯の状況を優先するべきでしょう。要は、ストレスを感じるなら、ストレスが減るように、適度な距離感で接すればいいだけです。難しく考える必要はありません。

POINT

- 「弱いつながり」だからこそのメリットもある。
- ご近所のつながりは「ゆるいつながり」でいい。

孤独と孤立の本質を理解する

近年、国内外の研究を踏まえ、世界中で次のような報道が頻繁に登場しています。

「慢性的な孤独は現代の伝染病」

「中高年の男性にとって最大の脅威は喫煙でも肥満でもない。それは孤独だ」

今、人々の精神的・肉体的健康上、最も憂慮すべき問題として語られているのが、「孤独」なのです。

２０１８年1月に、「孤独は国を挙げて取り組む社会問題である」として、イギリス政府が世界で初めて「孤独担当大臣」を任命しました。イギリスでは、２０２０年からは小中学校のカリキュラムに孤独の学習が組み入れられています。

さらに、２０２３年までに全国の健康医療システムに「社会的処方」を適用する方針を決めているのです。イギリスでは、医学的処方に加え、治療の一環として患者を地域の活動やサービス等につなげる社会的処方と呼ばれる取り組みを行う、かかりつけ医が増えています。すでに、かかりつけ医の4人に１人が「社会的処方」を一般的に行っているといわれています。医療機関で社会的処方が必要と判断されると、リンクワーカーと呼ばれる、孤独な人とその居住地域の地域活動をつなげる仕事をする人に連絡がいく仕組みです。最近では本の処方もあるようです。ご近所ネットワークも薬になる。ある意味、第2章で紹介した「お世話好きのおばあちゃんたち」こそ、社会的処方のリンクワーカーそのものと言えるのではないでしょうか。

日本でも2021年2月に内閣官房に「孤独・孤立対策担当室」を設置して、担当大臣も任命しています。これはイギリスに次いで世界で2番目の試み。長期化するコロナ禍で増加する自殺やひきこもりなどが背景にありますが、孤独・孤立対策は、現状の縦割りに横串を通すことにもなります。自殺防止、見守り、居場所、学習支援、子ども食堂、フードバンク、学生支援など、多くの切り口があります。NPOなどの支援団体だけでなく、既存の多くの地域活動やご近所にもできることを探していく必要があると考えています。

孤独と孤立の関係

		孤独（主観性）	理由
孤立（客観性）	孤立している（例えば独居）	孤独である	不安（不安の非共有）→健康リスクあり
		孤独でない	安心（不安の共有）
	孤立していない（例えば家族と同居など）	孤独である	不安（不安の非共有）→健康リスクあり
		孤独でない	安心（不安の共有）

他の生きづらさ同様、孤独も自己責任と考えるのは、そろそろやめましょう。

前ページの表は、客観的に孤立していることと、主観的に孤独を感じる（健康リスク有）こととは、無関係であることを示しています。つまり、孤独は気持ち（主観性）を表す言葉で、孤立は状況（客観性）を表す言葉といえます。

孤独を感じるかどうかは、不安や悩みが共有できているかどうかによります。信頼関係のない「つながり」では不安や悩みが共有できないため、いくら表面的な会話をしても、孤独感（健康リスク有）は消えません。ご近所の未来づくりの有効性や持続力を考える観点からも、この理解はとても大切です。居場所のその先をデザインする意識を持つことが必要なのです。

では、なぜ超高齢社会のトップランナーであり、シングル社会が進行している日本では、孤独社会という言葉に対する問題意識が低いままなのでしょうか。

その要因の1つが、孤独を美化するということ。一人の時間が大切なことは、孤独と関係なく当たり前のことです。人とのつきあいは面倒なことも多いかもしれません。しかし、人とのつながりから生まれる喜びは必ずあるはずです。

ご近所に向き合っていると、一人で生きていくという価値観をお持ちの方は一定数いらっしゃいます。ご近所では、一人ひとりの価値観を尊重していますが、中には、食わず嫌いだったように、実際に居場所や集まりに参加した後でお考えが変わる方もよくいるのも事実です。

孤独を美化するという「誤解」が生まれる理由は、次の3点にあると考えています。

1 孤独と孤立の違い（言葉の定義）が不明確であること。
2「弱い（ゆるい・かるい）つながり」の効用を理解・想像できていないこと。
3 孤独が私たちの精神的・肉体的健康に与えるマイナスの影響を軽視していること。

まず、ご近所での「弱い（ゆるい・かるい）つながり」をみんなで育んでいきましょう。

POINT

■ 孤独と孤立の違いを知る。
■ 弱い（ゆるい・かるい）つながりがもたらすものを理解する。

2項対立の罠

皆さんは、「2項対立」の場面に直面した時に、どう向き合っていますか。2項比較は、物事を理解する上で大切です。しかし、2項対立となると話は別です。2項対立は、あらゆるコミュニケーションのストレスの原因にもなり、格差や分断の根本的要因にもなっています。その理由は、2項対立が、良い・悪い、できる・できない、勝ち・負けに転換された途端、「悪い」「できない」「負け」側に、強いストレスが発生するからです。

地域の中では、会社や学校と違い、価値観（大切に思っていること）の対立がより顕著にあらわれます。例えば、新しい挑戦か現状維持か、デジタルかアナログか、原則に対する例外の取り扱いの是非、行政への依存度の強弱など、多岐にわたります。

そういった2項対立への向き合い方には、大きく2つあるのではないでしょうか。

1　2項対立をそのままにして第3の方向性を立てる

2項対立を良い・悪い、できる・できない、勝ち・負けに転換させないように、2

項対立の構図はそのままにして、未来志向の議論にシフトする。議論の「目的」や「ありたい姿」を共有することで、2項以外の新しい選択肢が見えてくることがあるのです。「向き合わず、同じ方向を向く」。夫婦円満のコツとしても有名な言葉です。これは地域社会にもいえることなのです。

2 2項の間を見つめる

2項対立は、白か黒か、正解か不正解か、ある意味、わかりやすく簡単です。しかし、その簡単さには「思考停止」という罠があります。複雑さや多様性から目を背けることに陥りやすいのです。「2項の間」は、わかりにくいものです。白と黒の間はグレーですが、そのグレーにも色の濃淡があり、さらに時系列で色の濃淡が変化していく。まさにグラデーションのイメージです。しかし、この「わかりにくさ」を見つめ続けて、2項の間にひそむ関係性を発見できると、新しい景色が、時には宝物が見えてくる可能性があるのです。

相手と自分の意見が対立した場合は、まず、共通項を探してみてください。相手の考えにしっかり耳を傾けることで、相手の言い分の中に同意できることを見つけることができることもあるはずです。その共通項を広げていくことで、突破口が見つかるかもしれません。

POINT

■ 2項対立は強いストレスの源泉。
■ 2項対立はあっても、同じ方向を見ていることが大切。

複数のコミュニティに属するメリット

家庭・会社・地域・学校・友だち・趣味・習い事、SNS……。私たちは複数のコミュニティに属しており、複数のコミュニティを持つことは、人生をより豊かにしてくれます。いざという時のセーフティネット（安全網）にもなります。

それぞれのコミュニティの中で、自分の役割を果たすことで、自分の中の多様性を意識することができます。逆に、1つのコミュニティの中が、自分の唯一の世界と勘違いすること、本当の自分は1つだけであること、一貫性に固執すること、つまり矛盾を認めないことは、強いストレスを生む温床になります。自分の中にある多様性を認めることで、ストレスを自然にコントロールできるようになるのです。例えば、コミュニティAでは運営側として責任ある立場のためストレスが溜まるが、コミュニティBでは初心者として自分のペースでストレスなく気楽に楽しめるなど。

コミュニティに参加する人たちの間には、「温度差」があります。コミュニティに対する思い入れの有無、初心者（新人）、ベテランの違いなどで、温度差があるのは当然です。その温度差を考える時に大切なポイントは2つあります。

1つめは多様性。地域の活動でも、積極的に取り組みたい人たちもいれば、その活動に参加していても、のんびり眺めていたい人たちもいるのです。双方にとって、居心地のいい場をつくることが求められています。

2つめは時系列の変化。私たちは、自身や家族の心と体の健康状態を含め、世帯状況の変化によって、コミュニティに対する温度感も当然変化していきます。地域活動を通じて、地域住民に向き合っていると、世帯状況が1年間で大きく変わることによく直面します。超高齢社会で生活していく上で、コミュニティに対する個人の温度感の変化に対して、私たちはもっと寛容になる必要があります。

POINT

■ 複数のコミュニティに私たちは属している。
■ それぞれのコミュニティにいる「自分の中の多様性」を認める。

チームワークを身につける大切さ

チームワークは、働き方改革の中心テーマの1つです。実は、家庭、ご近所、ご近所を取り巻く地域も、会社と同じで、チームワークで成立しています。働き方改革は、そのまま生き方改革、学び方改革及び地域との関わり方改革のことでもあるのではないでしょうか。

ご近所づきあいは、個人間や世帯間のつきあいをイメージする言葉ですが、「ご近所の未来づくり」というとどうでしょう。そこにはやはりチームワークという言葉がイメージされるはずです。私たち一人ひとりが、チームワークにどう向き合うかで、ご近所の未来は変わっていくのです。

企業理念が「チームワークあふれる社会を創る」で有名なサイボウズ株式会社の社長の青野慶久氏は、講演や著書で、多様性のチームワークがうまくいくためには、2つの前提条件があると述べています。

その2つとは、「公明正大」と「自立」です。

「公明正大」とは、うそをつかないことであり、正しいと大きな声で言えること。「自立」とは、自分で選択して自分で責任を取れることであり、自分の理想を言葉にして伝えられることです。

この2つの前提をみんなが実践できると、私たち自身の人間関係のストレスが減少するだけでなく、自然に人間性と多様性の理解につながります。さらに、ご近所もご近所を取り巻く地域も変わっていきます。チームワークあふれる「ご近所」では、会社のビジョンと同様に、「ありたい姿」への想いと共感がベースにあり、共助が育まれ、幸福度が高く、生きづらさを抱える本人や家族も救われるのです。

ここで、最近よく耳にする「心理的安全性」について考えてみましょう。

「生産性の高いチーム特性」の中で、最も大切なのが、心理的安全性であることを2016年に米グーグル社のリサーチチームが明らかにしたことで、この言葉がビジネスの世界に一気に広まりました。

「心理的安全性」とは、メンバー一人ひとりが安心して、自分が自分らしく、そのチームで働けることです。ちなみに、地域包括ケアシステムの目的が「高齢者が住み慣れた地域で自分らしい暮らしを人生の最後まで続けることができるようにすること」である点と似ています。チームで成果を出すためには、メンバー一人ひとりを人として承認する、敬意を払うことが大切。そうでないと、本音を言い合う関係性はつくれないのです。

さらに2つの視点で、チームにおける「心理的安全性」を深掘りしてみましょう。

1 なぜ、最近「心理的安全性」の重要性が注目されているのか

今は正解のない時代といわれています。それに対し、戦後の高度成長期は正解を追い求めた。ベクトルの方向性が合っていれば、同じことを学んで、同じことを仕事にして、ずっと安心して生活できたのです。

しかし今は、変化が激しく、正解のない時代なので、いろいろ試してみて、行動や実践の中から学んでいく必要があります。チームにおける学び方、働き方も同様です。要するに、チーム学習を進めていく上で、「心理的安全性」が最も有効ということ。チーム学習の先に、チームのパフォーマンス向上があると考えられているのです。イノベーションの雄として君臨しているグーグルが発信した理由もそこにあります。

2 仲良しクラブとの違いは何か

「心理的安全性」というと、優しくて、アットホームなイメージもあります。しかし、チームの目標に向かうためには、健全に意見を戦わせることが必要不可欠です。

心理的安全性が高い状態では、失敗したりうまくいかなかったときに、犯人探しや責任追及などしません。「どうしたら、うまくいくのだろうか」「こういうケースだと

どうなるかな」「こんな選択肢はありかな」などの発言にあふれ、みんなで問題解決に当たります。「仲良しクラブ」や「ぬるま湯」とは、異なるのです。

お気づきの通り、会社の上司を「親」に置き換えて、家族というチームで子育てするのも同じこと。子育てを通じて、親も成長します。ご近所やご近所を取り巻く地域でも同じことです。先ほど紹介した地域包括ケアシステムの目的の通り、高齢者一人ひとりの自立支援の中身は、専門的支援（多職種連携）、家族支援、ご近所支援のチームワークが理想なのです。ここでも高齢者一人ひとりの自立支援を、生きづらさを抱える本人とその家族への支援と置き換えてみましょう。地域共生社会への具体的アプローチを考えることにつながっていきます。

POINT

- 公明正大と自立が、チームワークを機能させる。
- 心理的安全性が活発な議論を生む。

小さくはじめて、段階的に選択的に

右肩上がりの時代から、先行き不透明で予測不可能な時代への変化の最中に、私たちはいます。右肩上がりの時代は成功の方向が明確に見えていましたが、今の時代は、成功の方向性がわからない時代です。

その不確実、不透明かつ流動的な社会環境に向き合う姿勢としては、まず小さくやってみて、その結果を評価して学ぶことをくりかえす必要があります。つまり試行錯誤をくりかえすのです。結果を評価して学ぶので、常に成長していく。これからの時代は、成功と失敗という2項軸で判断するのではなく、試行錯誤前提で学びながら、成長していくと捉えるのです。

「小さくはじめる」というのは、経営学における「リーンスタートアップ」という起業プロセスの考え方と似ています。

「仮説・検証・学び」のサイクルを回し、想定顧客からすばやくフィードバックをもらいながら、商品やサービスをブラッシュアップしていく手法です。

次に「段階的に選択的に」の意味について。今は、いきなり長期計画をつくるよう

リーンスタートアップとは

すぐに小さくはじめてみることに価値がある。
ループに要するトータルの時間を最小にしてくりかえす。

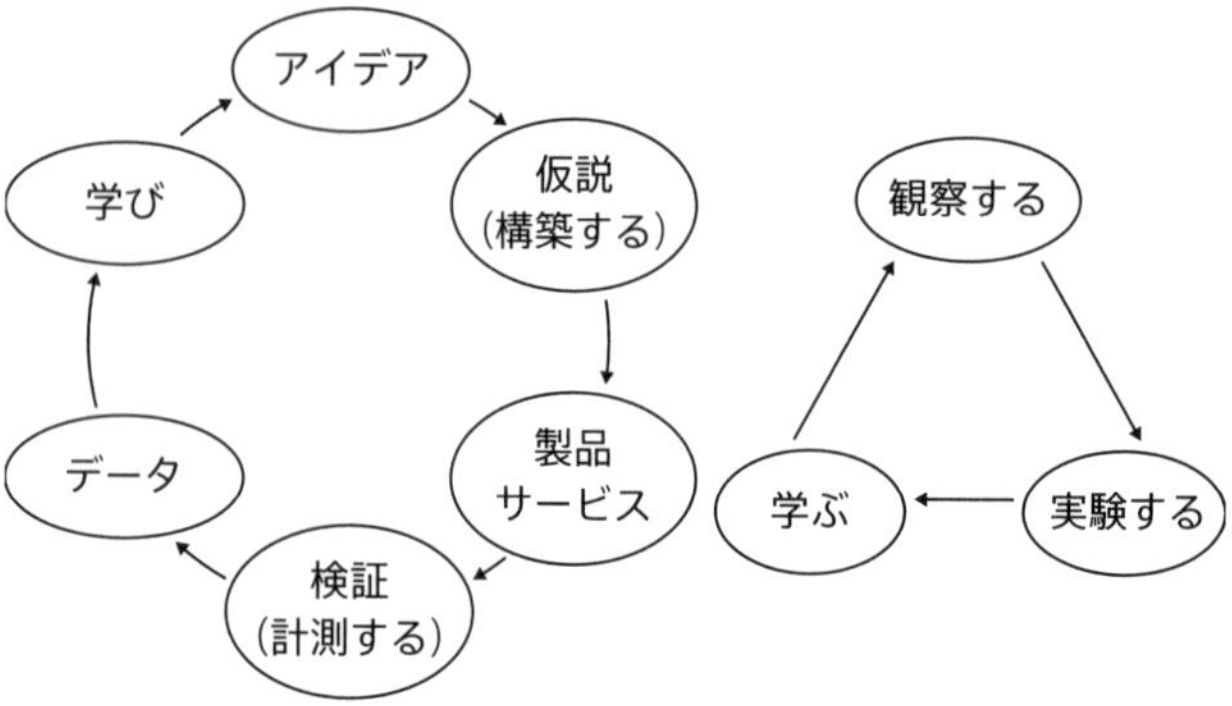

リアル・オプションとは

長期プロジェクトを評価する考え方。
「段階的に、選択的に」がキーワード。

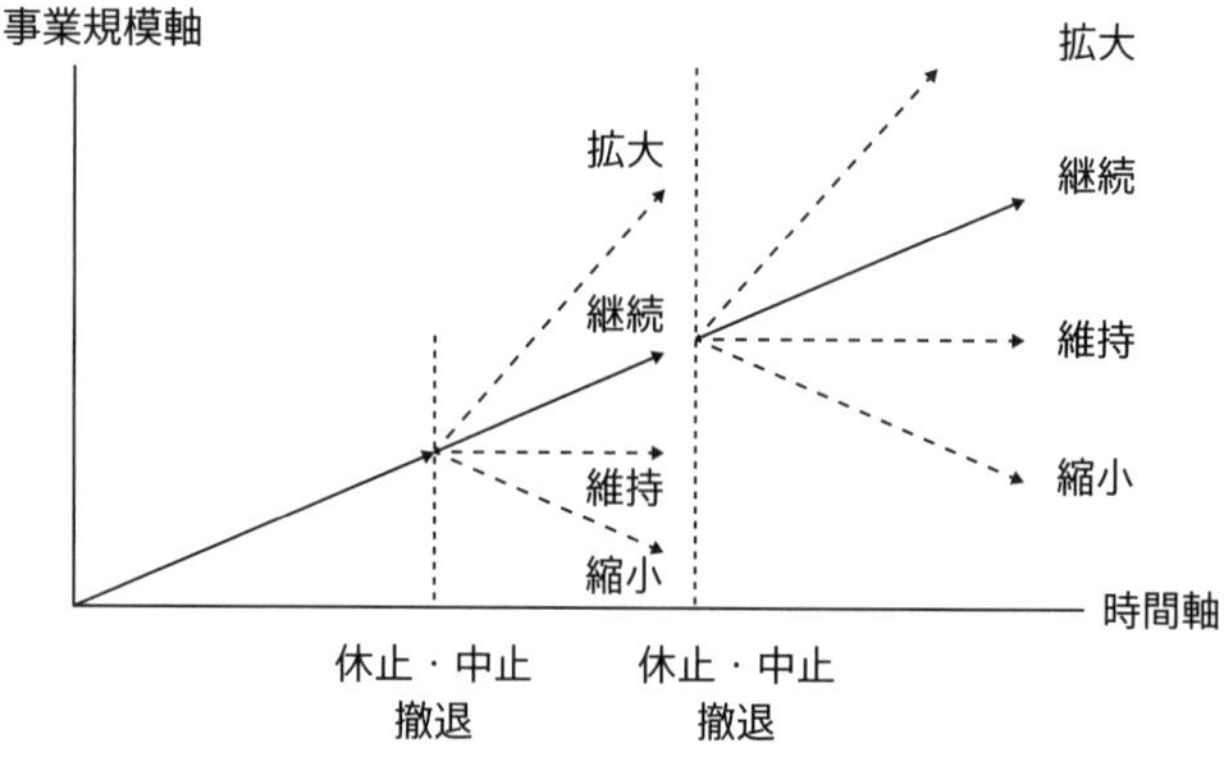

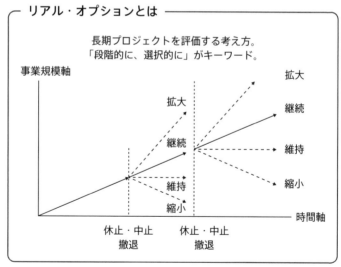

なアプローチが意味のない時代になっています。ここでいう段階的選択的なアプローチは、経営学で大規模・長期プロジェクトへのファイナンスを段階的に判断していく「リアル・オプション」という考え方と似ています。

試行錯誤を前提とした「リーンスタートアップ」と「リアル・オプション」の考え方で、「撤退」の選択肢を事前にイメージしておくことも大切です。下振れのリスクを抑えながら、上振れのチャンスを狙えるのです。やってみないとわからないことに試行錯誤前提で取り組む考え方は、会社経営でも地域でも同じです。

POINT

- まずは小さくはじめてみる。
- 段階的に、選択的に物事を判断していく。

平等と公平について考える

ご近所とご近所を取り巻く地域に向き合っていると、住民の皆さんが、「平等」や「公平」という言葉を使う場面によく出会います。特定の（一部の）住民のための活動（例えば独居高齢者のごみ出し代行など）の是非を話し合う場、イベントの参加者だけにお土産を渡すことの是非を話し合う場、町内会の会員でない住民がごみ集積所を使うことの是非を話し合う場など、さまざまです。

賛成、反対にかかわらず、「平等」や「公平」が出てきますし、これに「自助」と「共助」の話が加わると、さらに議論の整理がつかなくなります。一番の問題は、多くの人が「平等」と「公平」を同じような意味で使っていることにあります。

私自身、ご近所に向き合う以前は、「平等」と「公平」の違いをあまり意識していませんでした。

一般的には、次のように用語の説明をしています。

- 平等……みんな同じであること。対象を追加して、男女の平等とか機会の平等と言います。

・公平……違いを認め合うこと、不正やズルをしないこと。例えば、オリンピックとパラリンピックを分けていることなど。

草の根視点でいうと、「公平が先で、その後に平等がくる」という肌感覚があります。平等からはじめると、思考が停止してしまうことが多いのです。

例えば、みんな同じ金額の町内会費を払っているので、世帯の状況や世代間の価値観の違いなどは無視して平等であることを優先するべきという意見もありますが、これにはと

平等と公平の違い

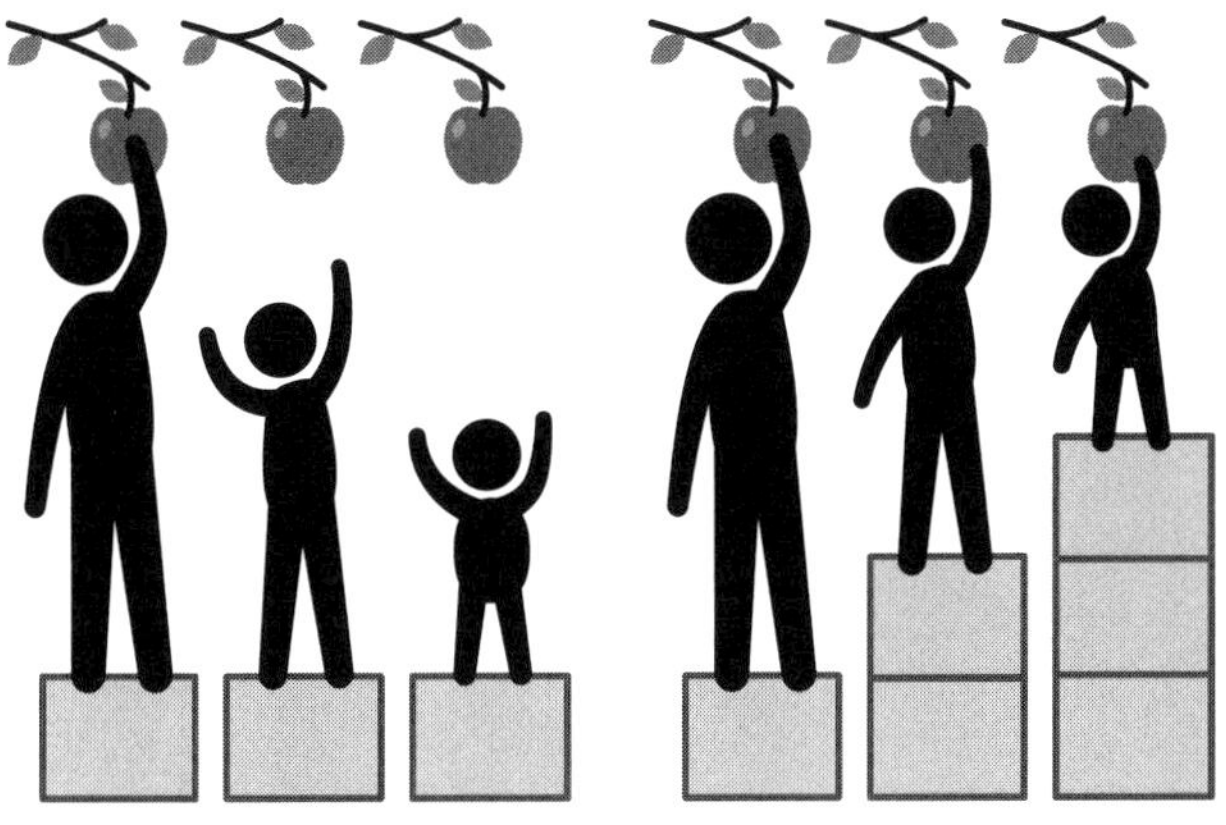

ても違和感があります。行間に強すぎる自助意識を感じるのです。
ご近所の共助を考えることは、公平について考えることです。
ここで「合理的配慮」という言葉が頭に浮かびます。障害者差別解消法（2016年からスタート）で、共生社会の実現のために、障がいのある人への「合理的配慮」が求められています。具体的には、教育の現場、職場、ご近所とご近所を取り巻く地域の暮らしなど、生活のすべてにおいて、意思を伝え合う工夫をしたり（タブレット端末の活用や筆談など）、本人ができないことをサポートしたりすること（車いすや筆記の補助など）といったことが挙げられます。

この当たり前の価値観を改めて共有しなければいけない社会を、どう変えていくかが問われているのではないでしょうか。「合理的配慮」は障がいのある方だけでなく、生きづらさを抱えるすべての方にとって必要です。

POINT

- 平等と公平の違いを認識する。
- 合理的配慮は、生きづらさを抱えるすべての人に対して必要。

第5章

最大の壁「メンタルモデル」に向き合う

自分は正しい？

話し合いの場では、「それは違う」「これが正解だ」という言葉が飛び交います。しかし、これには疑問を抱かざるをえません。価値観とは、相手が大切に思っていること。その価値観をお互い認め合うことが対話のスタートだからです。対話の基本は、「心理的安全性」を確保することといわれています。お互いの想いや意見を安心して言い合える環境で、相手の言葉にしっかり耳を傾ける（傾聴する）ことが大切です。「それは違う」「これが正解だ」と、自分が正しいと考える意見だけを、はじめから相手に押しつけてしまっては、建設的な対話を生むことができません。

皆さんは、「群盲象を評す」という言葉をご存知でしょうか。

仏典の中にも出てくる、古くからインドに伝わる寓話です。目が見えない人たちに象を触ってもらい、感想を言ってもらいます。すると、各人が、自分が触った「象の一部」を象の印象として言い合うわけです。

- 鼻を触った人は「ホースみたい」
- 尻尾を触った人は「ロープみたい」

・足を触った人は「木の幹みたい」
・横腹を触った人は「壁みたい」

このように人それぞれ違った意見になりますよね。当たり前のことなのですが、自分の感想こそが正しいと、みなが主張し、相手を批判してしまう。そういう状態の虚しさをこの寓話は表しています。これ、実はご近所やご近所を取り巻く地域の話し合いでも、よくある風景です。ちなみに、仏教における盲人とは、実際に目が見えないことを意味するのではなく、真実に目を向けない人のことをいいます。

この寓話の意味するところは、たとえ自分の意見が正しくても、それは今向き合っている事象の一側面にすぎず、全体像は見

群盲象を評す

えていないことを自己認識することが大切であるということ。多くの別の視点からの意見を参考にして、真実である全体像を考えていこうという姿勢や態度が大切なのです。地域での話し合いやコミュニケーションをもっとよくするために、私たち一人ひとりが、その姿勢や態度を心がけていくことで、「居心地のいい」会話や場づくりにつながっていくのではないでしょうか。このことは人づきあいでも同じです。一人ひとりの多様性に目を向けずレッテルを貼る行為は改めたいものです。職場や学校や地域でも。

POINT

- 傾聴の姿勢が大事。
- 全体像が見えていないという自己認識の大切さ。

今のままでいい?

ご近所の未来づくりを試みていると、「今のところ、困っていない」という言葉を周りから聞く場面があります。この言葉自体は問題ではありません。現状維持バイアス（変化を恐れる人間の本能）は、否定しなくてもいい。現状維持も多様性の1つとして尊重する必要があるのです。ただ、誰かがそう思っていても、ご近所の他の住民の方はどうでしょうか。現状に不満や不安を持っている人もいるのです。

「ゆでガエル現象」という言葉を紹介します。カエルを水の中に入れて、水の温度を少しずつ上げていく。そうするとカエルは逃げるタイミングがわからず、そのまま、ゆで上がってしまう。つまり、ゆっくりと変化する危機に対応することがいかに難しいかのたとえです。その難しさの本質は次の2点といわれています。

1　ぬるま湯の居心地の良さの中で、変化に挑戦すること。

2　危機を認識した時には、すでにダメージを負っていること。

ご近所や、ご近所を取り巻く地域の活動に向き合っていると、地域社会全体が「ゆでガエル現象」の状態にあることを痛感します。「今のところ、困っていない」というのはそれを象徴する言葉かもしれません。厄介なのは、誰も気づいていないこと。前例踏襲で1年計画の積み重ね思考だと、新しい挑戦が生まれにくく、変化への対応が遅れてしまうのです。

　では、どうしたらいいのでしょうか。

「変化前提で思考する」「あるべき姿を更新する」「あるべき姿からありたい姿へシフトする」「部分最適と全体最適を連動させて考える」「全体最適のために部分最適をあきらめる」などさまざまな言葉が浮かびますが、それらはつまり社会の変化に対応する選択肢を増やす（追加する）ことではないでしょうか。

「今のまま」に加えて、「さらに選択肢を増やす」「その選択肢を少し試してみる」と考えれば、現状を劇的に変化することなく、未来の変化に対応できる。ゆでガエルになることを回避できる思考がそこにはあるのではないでしょうか。

POINT

- 現状維持バイアスも多様性の１つ。
- ゆでガエル現象から学ぶ危機感。

ご近所は怖い？

「ご近所とは関わりたくない」「あの人は何を考えているかわからない」という言葉もよく耳にします。たしかに相手がどんな人かわからないと不安ですよね。逆に、相手がどんな人かわかれば安心、相手との人づきあいの距離感を考えればいい。一方、ご近所には、知らないだけで、素敵な人、おもしろい人もたくさんいるのです。

ご近所づきあい、特に災害時の「共助」に向き合っていると、どこにどんな人が暮らしているかを、できる範囲で、可視化することの大切さを痛感します。単なる「住民名簿」だけでなく、「世帯状況マップ」があると安心です。

そのためには、個人情報の取り扱いに関する考え方を正しく理解することがスタートライン。第3章で前述した通り、個人情報は、「使用目的」「開示内容」「開示範囲」に本人の同意があれば、有効活用できるのです。

このとき使用目的を災害時などの有事に限定すると、日常生活の平時に活用できないことになります。平時に「世帯状況マップ」を共有（活用）するには、有事とは異なる「開示内容」や「開示範囲」の同意をとることが必要です。

ご近所の支え合いや助け合いに共感する住民から、はじめていけばいいのです。プライバシーの一部をオープンにすることで、お互いの信頼感が生まれ、大きな安心が手に入る。一方で、住民の価値観の多様性は尊重する必要があり、「世帯状況マップ」の共有に賛同しない住民の方への配慮も大切。あくまで、任意であり、参加したい住民（世帯）が参加すればいいのです。

「弱い（ゆるい・かるい）つながりの強さ」の視点からは、極端かもしれませんが、「ご近所の井戸端会議のネタになったもの勝ち」という側面もあると実感しています。

ご近所のいざこざについても、相手との距離感を考えたり、特定のテーマでの意見衝突を人格や個性の否定につなげない心構えが大切です。トラブルにまで発展してしまった場合は、当事者だけだと感情的になりやすいので、町内のご近所さんや警察など、第三者に間に入ってもらうことも選択肢になります。

ご近所トラブルは、家族や親戚同士のトラブル同様に、より暮らしに身近な分だけ強いストレスになりがちです。ものは考えようで、人生勉強や修行のつもりで受け入れてみるのはいかがでしょうか。

POINT

■ 相手がどんな人かわかれば安心。
■ 個人情報、プライバシーへの向き合い方を考える。

家の問題はプライバシーだからご近所には隠す？

「地元の壁」と「家の恥」という2つの言葉があります。

「地元の壁」とは、何かの支援が必要な場合に、地元では知り合いなどにあってしまうため、ほかの行政区の支援団体に出向くこと。生活困窮等の行政職員の共通の悩みの1つでもあります。とても根が深い問題といえるでしょう。だから私たちのメンタルモデルにメスを入れないと解決しません。

一方、「家の恥」というのは、例えば障がいなどを抱えて支援を必要としていることは恥ずかしいと、それをオープンにしないこと。プライバシーとの関係もあるので、難しい話ではありますが、支援を受けることが「恥ずかしい」という考えは明らかに間違っています。

ひきこもりの例でお話しします。ひきこもりの定義とは、「仕事や学校に行かず、かつ家族以外の人との交流をほとんどせずに、6カ月以上続けて自宅にひきこもっている状態」のこと。

ひきこもりといっても、症状は人それぞれです。自分の部屋に閉じこもる人、家族とも口をきかない人、家族と一緒に食事はできる人、家の中では自由にできる人、コンビニや病院には行ける人、親しい友だちとは外出できる人などなど。また、ひきこもりではないと考えている当事者や家族も多いのです。

私たちはこれに対して「昔はみんな困難を自力で乗り越えてきた」とか「努力が足りない」など、精神論・根性論ともいえる偏見を変えていかなくてはいけません。また、この偏見を次世代へ継承させてはいけないと、私たちは覚悟を持つ必要があります。

皆さんもご存知の通り、職場でもご近所でも仲間うちでも親戚でも、見渡せば、多くの方が精神疾患に向き合っています。だから医療やカウンセリングなどの専門的支援に加え、ご近所支援、友人支援及び親戚支援などが、「普通」の世の中にしていかなくてはいけないのです。

前述の通り、精神疾患は5大疾病の1つで、誰でもなりうる病気なので恥ではありません。また、プライバシーの一部を一定の範囲でオープンにすることで、大きな安心や喜びが手に入ることが体感できるのです。

POINT

- 「地元の壁」と「家の恥」という、2つの大きなハードルをのりこえる。
- 精神論、根性論ともいえる偏見は捨てる。

専門的支援に任せてご近所は関わらない方がいい？

生きづらさを抱える本人や家族への支援には、2通りあります。

専門的支援とご近所支援です。

その中で「私たち素人には何もできない」「訪問介護を受けているからお隣は大丈夫」。そんなふうに考えている人がたくさんいます。しかし、専門的支援とご近所支援が両立しないと効果的な支援はできません。

深く考える一歩として、ぜひ、「自立支援」に目を向けてみることをおすすめします。自立支援とは、本人自身ができる範囲で体を動かすことが前提で、本人にできないことを代行してもらう支援とは異なります。自立支援のメリットは、本人と支援者が一緒に何かをすることで、お互いに楽しい時間を過ごせることといわれています。

ご近所支援の本質は、「不安」や「問題」だけでなく、**「楽しみ」も分かち合うこと**。ここで、「支え合い」や「助け合い」について、支援主体と本人の意向のマトリックスで考えてみましょう。

縦軸が支援主体（専門的支援か、ご近所支援か）で、横軸が本人や家族の意向（できないことの代行か、自立支援か）です。専門的支援で、できないことの代行は、在宅医療・介護事業者、ヘルパーなどが行い、自立支援は、リハビリ職やソーシャルワーカーなどが行います。ご近所支援では、ごみ出し、草刈り、買い物代行などの生活支援や移動支援は、本人や家族の意向次第で、できないこと代行でもあり、自立支援でもあります。自立支援には、居場所づくり（話し相手含む）、災害時避難行動訓練などがあります。

理解しやすいように、2軸のマトリックスを使って話をしましたが、大切なことは、現場では、支援を行う側も支援を受ける側も、マトリックスの枠を超えて、それぞれ手を組んで重なり合って進めていくイメージを持つことです。

ここで、自立支援について深掘りします。

支え合い・助け合いマトリックス

		本人や家族の意向	
		できないことの代行 （補完してほしい）	自立支援 （一緒に○○してほしい）
支援主体	専門的支援 （専門職、民間等）	在宅医療・介護事業者 ヘルパー シルバー人材センター NPO、ボランティア等	リハビリ職 ソーシャルワーカー NPO、ボランティア （傾聴等）
支援主体	ご近所支援 （おかげさま、お互いさま）	【お手伝い】 有志のチーム ご近所のボランティア ・生活支援 ・移動支援	【共同】 有志のチーム ご近所のボランティア ・生活支援・移動支援 ・居場所・災害時避難行動

本人や家族の意向で自立支援を進めた結果、以前より本人が自力で動けるようになり、転んで怪我してしまった場合に、本人や家族が手のひらを返して、自立支援に対してクレームをつけることがあります。自立支援に向き合っている専門職（看護やリハ職など）が対応に苦労する現場あるあるです。ある意味、本人と家族の想像力と覚悟が求められているのです。

また、自立支援のわかりやすい例として、訪問看護事業等で有名なオランダのビュートゾルフの活動を紹介します。ビュートゾルフの目的は、患者の自立です。患者ができるだけ自分の面倒を自分で見られるようにすることなのです。そのために、ご近所支援を活用した、「場づくり」をしています。ビュートゾルフの看護師が時間をかけて患者や家族、ご近所の人たちとコーヒーを飲みながら、おしゃべりをしている間に、他の事業所の訪問看護師たちは、サービス提供の時間を分刻みで記録しているのです。

今の日本に置き換えてみると、定期的に、本人をはさんで、訪問看護師、訪問介護士、ケアマネジャー、ソーシャルワーカーなどの専門職と、ご近所の仲間たち（お隣さんや支援者たち）が、みんなで一緒に楽しくおしゃべりする場を持つことです。こんな風景が、これから、日本でも当たり前になっていくために、私たちに何ができるのかを、みんなで考えていく必要があります。

POINT

- 専門的支援とご近所支援の2通りの支援がある。
- ご近所支援であれば「楽しい時間」も共有できる。

認知症になったら人生終わり？

認知症は誰でもなりうる病気であるにもかかわらず、「認知症になったら人生終わりだ」「認知症であることは隠す」という人が実はかなりたくさんいます。ただし、その一方で、最近は「認知症は隠すより、ご近所にオープンにした方が安心」という言葉も増えています。

２０２５年には、認知症患者が高齢者の５人に１人、軽度認知障がいを含めた患者数は高齢者の３人に１人になるといわれています。そのような状況の中では、軽度認知障がいの早期発見・早期治療が「認知症の未来」をひらくのです。認知症の病気観が重度期に偏っているため、「認知症になったら人生終わり」と考えてしまうことが最大の問題です。現状のあまりに強い「認知症への拒否感」（メンタルモデル）を和らげることに、私たちは、もっと真剣に取り組む必要があります。

加えて、他の精神疾患と同様に、認知症であることを私たちは隠そうとします。超高齢社会を生き抜くためには、個人も家族もご近所も社会も、認知症と共生していくことが求められています。認知症は誰でもかかる可能性のある「普通の病気」です。ほかの病気と共生するのは当然のことですよね。それと同じだという意識を強く持つことがスタートラインなのです。

もの忘れや判断力の低下など、日常生活に支障をきたすだけでなく、不安、抑うつ、妄想や幻覚といった症状を認知症は引き起こすことがあります。こういった症状は、周囲の環境や人との関わり方次第で軽減されます。認知症サポーターやご近所に期待されている役割は、この行動・心理症状を軽減することなのです。

近年、認知症患者ご本人が、認知症という病気について自ら、

「認知症の人は普通の人です」

「一人ひとりの認知症があります」

「できなくなったことを嘆くのではなく、できることに目を向けます」

「ちょっとした手助けがあれば、いろいろなことが楽しめます」

といったことを、書籍や各メディアで発信しています。

さらには、

「自分も役に立っていると思いたい」

「認知症になると、不便だけど、不幸ではありません」

「してもらう、してあげる、より、一緒にしたいのです」

とも話してくれます。

また、「認知症の方への接し方」の7つのポイントを紹介します。認知症サポーター養成講座の資料からの抜粋です。
1　一定の距離を保ち、さりげなく様子を見守る。
2　相手を動揺させないように、自然な笑顔で。
3　声をかける時は一人で。（複数で取り囲むのは恐怖心をあおるため）
4　後ろから声をかけない。（相手の視野に入ったところで、あいさつから）

5　相手に目線を合わせて、優しい口調で。
6　おだやかに、ゆっくりと、はっきりした口調で。
7　相手の言葉に耳を傾けてゆっくりと、1つずつ話しかける。

お気づきの通り、何も特別なことではなく、耳が聞こえにくい、体が不自由な高齢者と話をする時に普通に気をつけることとほぼ同じです。

もし、あなた自身やご家族が「違和感」を持ったら、一人で悩まず、すぐに地域包括支援センターに相談に行く。医師による相談・診断が可能な、病院・クリニック等を紹介してもらう。早期発見・早期治療に努める。それが認知症になった本人にとっても、家族にとっても幸せな生活を送る第一歩になるはずです。

POINT

■ 認知症は誰でもなりうる病気。
■ 認知症になってもできることがたくさんある。

賃貸だからご近所には関心ない？

会社に入り、40歳まで転勤族だった私も、まさにご近所に無関心でした。3年くらいの仮住まいの意識がずっとあった気がします。しかし、ものは考えようです。例え数年間だけであったとしても、私たちの人生の大切な1ページではないのでしょうか。賃貸住宅にメリットと居心地のよさを感じて長い年月を同じ場所で過ごされている方もたくさんおられるわけです。言うまでもなく、賃貸か持ち家かは、私たちがどう暮らしをデザインするかの話で、それぞれメリットもデメリットもあり、持ち家だからいいわけではない。住めば都で、その場所での生活を楽しむ中に、ご近所もあるのです。

今まではいいとして、これからの異次元の超高齢社会かつ人口減少社会、加えてシングル社会など、未知のゾーンに突入していく中では、次世代のためにも、私たちが率先して、賃貸とか持ち家とかの意識の垣根は取り払う必要があります。そもそも、現状、持ち家でもご近所に無関心な人が多いわけで、同じことです。つまり、賃貸か持ち家かは、あくまでカタチに過ぎない。そこで、自分らしく、何を大切にどう生活するかは、別の問題です。

これからの未来志向の話をしていきましょう。私たち一人ひとりが、どんなご近所の中で、どのように生活していきたいか、本書を通じて、みんなで考えていきましょう。日頃の共助とは何か。災害時の共助とは何か。弱くゆるくかるいつながりとは何か。同世代の交流とは何か。世代間交流とは何か。地縁のありがたさとは何か。歩いてすぐの物理的な近さをどう生かしていくか。

ここでも、賃貸か持ち家かに重なる部分はありますが、アパート、団地、マンションなどの共同（集合）住宅と、戸建て住宅に置き換えて考えてみてください。一般論として、共同（集合）住宅の同じ棟や同じフロアの方が、玄関同士の距離が近い分、日頃のコミュニケーションがとりやすいという声もよく耳にします。ちなみに、第8章で紹介する立川市大山自治会は、賃貸の都営住宅団地です。

POINT

- 賃貸も持ち家も、共助や地縁を大切にする気持ちは同じ。
- 自分らしく何を大切にどう生活するか。

行政がすべきことを地域住民がするのはおかしい？

「それは行政が行うべきことで、我々住民が考えることではない」。多くの人が口にする言葉ですが、本当にそうでしょうか。

まず、話の前提として、ここでの「行政」には、電気・ガス・上下水道・道路・公園・橋などの生活・社会インフラ関係の行政業務等は含みません。

その上で、地域住民は、行政の動きを待たずに、自分たちでできることは主体的に動き、行政は利用するものと考えるべきです。「行政の限界」については、私たち地域住民がカバーする以外方法はありません。地域活動の現場でも、何から何まで行政の仕事と考える人が多いことに驚きます。

正論を主張し非現実的な批判をする代わりに、行政の限界をカバーするにはどうしたらいいかを議論していきましょう。

大切なことは、ここでも、私たち住民の意識の変化です。行政にも、できることとできないことがあります。また市区町村の置かれている環境により施策の優先順位は異なります。この「行政の限界」を考えないと、正論を演説するだけのクレームおじさん（評論家おじさん）になってしまいます。もっと怖いのは、「行政の仕事だから」と思考停止になり、何年たっても何も変わらずに、今の状況が続いてしまうということです。

「行政の限界」を考えることは、行政と住民主体との住み分け（線引き）について、お互いに共通認識を持つことにつながります。そのためには、行政側も、今ある仕組みについて、より積極的に、かつ地域住民にわかりやすく、現状の課題も含め、情報発信していく必要があります。

POINT

- 「行政の限界」について理解する。
- 「行政の限界」は地域住民がカバーする。

地域の活動は時間がかかるので拙速はいけない？

新しい活動に挑戦しようとすると、「地域の活動というのは、10年かけてやっとカタチになるもの。拙速な変化はダメだし誰も望まない」などといわれることもあります。

しかし「小さくはじめて、段階的に選択的に」で述べた通り、ご近所やご近所を取り巻く地域における活動の新しい挑戦は、拙速の方がいいのです。

とはいえ、まず大切なのは、地域の活動を支えている方々に感謝をして、長年の苦労には敬意を払うこと。いきなり「変革」の名の下に現状を否定する人がよくいますが、それは2項対立の罠に、はまっている感じがします。

その上で、なぜ従来の活動は時間がかかっていたのか考えてみましょう。

- **ゆっくりと時間をかけたほうが、地域住民の理解を得られると考えていた。**
- **反対意見やクレームが出ないように気をつけていた。**
- **前例踏襲で従来のやり方が正しいものと考えていた。**
- **一度決めたルールを守ることに価値を置いていた。**
- **コミュニケーションツールを活用してこなかった。**

例えば、住民主体の生活支援などを有償ボランティアの形で実施している方々、また、高齢者向けの居場所の運営をしている方々は、もう10年～20年近くの歴史があるところも多いです。当時、50代～60代であった数人の有志ではじめて、現在の運営メンバーがみんな70代～80代になっています。そのため後継者問題を抱えている団体や活動も多いのが現状です。そして当初の仲間が同じやり方で継続しているため、新しいことの検討、実施及び普及に「時間がかかる」というのは事実です。

しかし、同じやり方で同じ時間をかけてする必要はありません。コミュニケーションツールの活用などで、活動自体の見直しや効率化なども含め、もっとうまくできる方法はあります。ここで、現役世代や若い世代の皆さんの出番です。世代を超えてみんなで、もっとうまくできる方法を考えて試してみる場をつくっていきましょう。

POINT

- 行動は拙速でいい。
- さらにうまくできる方法を、世代を超えてみんなで考えよう。

地域特性ごとにアプローチ方法は異なる？

地域社会について議論する時は、好事例や成功事例の共有からはじめることが多いかと思います。その中で「それは理想だけど、うちの組織や町内では無理」と思うことも出てきてしまいます。それについてはどのように考えていけばいいでしょうか。

「地域の特性に応じてつくっていく（対応していく）必要がある」という言葉は、正しいことを言っている一方で、私たちを思考停止にする魔力があります。私たちは、ある地域の好事例や成功事例を前にしても、自分たちのところとは地域特性が違うから、参考にはなるけど、真似できない、実行できない、無理と決めつけがちです。

そこで、私たちは2つの視点を理解することで変化を起こすことができます。

1　成功事例の出来上がった表面的な姿だけでなく、なぜうまくいったのか、なぜうまくいかなかったのかまで、掘り下げて考えていくことで、本質的かつ根本的な要因を見つけることができます。本質的かつ根本的な要因とは、別の言い方をすると地域特性とは関係ない、全地域共通の要因です。地域に向き合っていると、地域ごとの相違点よりも共通点（共通項）の方が多いことに気づきます。また、目の前の成功事例も多くの課題を抱えており、その課題こそが共通点（共通項）でもあるのです。

２　１００％コピーするのは難しいです。しかし、自分たちにできる範囲で、いいとこ取りをするイメージで良いのです。ここでも、「小さくはじめて、段階的に選択的に」取り組んでみましょう。

ちなみに好事例や成功事例が10年経ったら好事例や成功事例でなくなっていることもよくあることです。いかに、課題解決を続ける仕組みづくりが大切か、社会の変化が激しいかを物語っています。

POINT

- 思考停止の魔力
- 変化を起こす2つの視点

第6章

日本人について考える

日本人のアイデンティティ

私たち日本人のアイデンティティを表すのによくいわれるのが、「島国根性」「もののあわれ」「あいまいさ」。

「島国根性」には、視野が狭く閉鎖的で、自分と異なる者を排除しようとする「悪い面」だけでなく、豊かな自然の中で育まれた国民性の「いい面」とが共存しています。

「もののあわれ」とは、さび、わびという言葉で代表される、しみじみとした趣や哀愁など日本特有の美意識のことです。

「あいまいさ」には、いい加減さ、煮え切らない態度などの「マイナス面」と、あらゆる状況に柔軟に対応する寛容さなどの「プラス面」が共存しています。

このように日本人のアイデンティティが多様であることは、寛容さの裏返しではないかと私は考えています。

２００５年に出版されブームとなった『国家の品格』（藤原正彦著、新潮新書）は、日本という国家や日本人について、多くの示唆に富んだ書籍でした。その中には情緒と形というものがあります。情緒とは、「なつかしさ」や「もののあわれ」のことで、形とは武士道精神などの行動基準のことです。ここでいう行動基準とは、例えば、大きい者（強い者）が小さい者（弱い者）をやっつけることは卑怯であるといった、もののやことの善悪のこと。つまり道徳です。情緒と形を取り戻すことは、道徳心を育むことにつながるのです。

同じように、日本人を考える文脈で、日本固有の礼儀作法について考えてみましょう。礼儀とは、人間関係や社会秩序を維持するために人が守るべき行動様式であり、特に敬意を表す作法です。「礼にはじまり礼に終わる」。日本のスポーツでもよくいわれるように、日本人にとっては当たり前のことです。

似たような言葉にマナーがあります。マナーとは、その場にふさわしい動作や作法のことで、みんなで決めたルールを守ること。だからたとえ周りに人がいなくても守るべきものです。災害時の整然とした行動など私たち日本人が、海外から賞賛されることが多いですが、日本人にとって日常の風景ですよね。これらの礼儀やマナーに共通する土台の考え方や価値観が道徳（モラル）といえるのではないでしょうか。

POINT

■日本人の多様なアイデンティティは寛容さの裏返し。
■礼儀やマナーの土台が道徳心。

道徳について考える

道徳とは、人々が善悪をわきまえて自発的に正しい行為ができるようにする内面的な規範といわれています。ここでは、「私の考える道徳とその必要性」について、「武士道」「論語」「道徳の教科書」の３つの視点からお話ししていきます。

1　武士道について

武士道では、卑怯な行動や曲がった振る舞いは許し難いものです。

上杉謙信は、敵対する武田信玄が北条氏からの塩の供給が断たれた時に、北条氏の対応を卑劣な行為と非難し、「私たちの戦いは弓矢で行うもので、米塩を手段としない」として、武田信玄に必要な量の塩を送った話は有名です。

他人の苦痛に対する思いやり、弱者、劣者、敗者に対する思いやりは、特に武士にふさわしい徳として賞賛されてきました。

私は、人の内面を鍛える観点から、武士道精神は、道徳心に通じると考えています。道徳心こそが、ご近所の共助を育む上で大切なのです。

2　論語について

２０２４年に、１万円札の肖像が福沢諭吉から渋沢栄一に変わります。２０２１年ＮＨＫ大河ドラマ「青天を衝け」の主人公も渋沢栄一です。世界の枠組みが大きく変化し、社会の分断や格差が進む中で、コロナ禍に入ってしまい多くの社会的課題が一層顕在化しているこの時期に、渋沢栄一、『論語と算盤』及び道徳に光が当たっていることは、時代の要請のように感じます。

渋沢栄一は『論語と算盤』の中で、「科学や技術が進化しても、道徳は不変である」と述べています。

3　中学の道徳の教科書について

学習指導要領に基づく「道徳科で学ぶこと」を見ていきましょう。

「道徳科で学ぶこと」は、自分自身からはじまって、関わりの範囲が広がっていくプロセスで次の4つに分けられます。この4分類に関係するテーマについての物語（ストーリー）が教材として掲載されています。

A　自分自身
B　人との関わり
C　集団や社会との関わり
D　生命や自然、崇高なものとの関わり

私は、この4分類が、「自分」と「家族（家庭）」と「ご近所」と「ご近所を取り巻く地域」に重なるものと考えています。

また、教科書とは別冊の「道徳ノート」は秀逸です。自分で考えたこと、友だちの意見、話し合った内容などをメモし、授業で学んだことをこれからの自分にどう生かすかを書くのです。さらに、自分への振り返りや保護者記入欄もあります。1年間、週に1回の道徳の授業で35回、3年間で約100回分の道徳ノートがたまるのです。

これは、子どもたちの宝物であり、親子のおしゃべりネタとしても最高。親子のおしゃべりが道徳心を育む起点です。

中学校の道徳の教科書は、私たち大人にとっても学びが多いものです。同じ教材でいいのです。教材「を」学ぶのではなく、教材「で」何かを考えるわけですから。

大人になると、「きれいごと」「理想論」「本音と建前」「お題目」などが一層入りまじりますが、それらを乗り越えたところに（思考停止を突破したところに）、自分ごととして捉える、深い学びがあるといえます。

POINT

- 武士道と論語、道徳の教科書から学ぶ日本人の道徳心。
- 自分ごととして捉える力を育む。

「千と千尋の神隠し」と「鬼滅の刃」の共通点

神道には数多くの神様がいます。「八百万の神」などとも言われますが、この世に存在するすべてのものやことに、神様が宿っているという考え方です。たくさんの神様が協力して、和の精神で、自然と人々を守っているのです。違いにこだわることなく、共通点を見つけて互いに不足しているところを補うという精神、つまり、謙虚に違いを受け入れて、ありたい姿に向かう力に変えるという考え方が、日本の歴史に脈々と引き継がれているのです。

「すべてを受け入れて、優しく包み込む」。「多様性を普通に包み込む」。多様性を理解する根っこの思想が、私たち日本人の遺伝子に組み込まれていると考えると、温かい気持ちがわいてきませんか。

人気映画『千と千尋の神隠し』には、八百万の神々が日々の疲れを癒やすために湯屋を訪れる様子が描かれています。とてもユニークな神様たちです。例えば、「オクサレ様」は、汚染された河の神様で、人間たちが捨てたごみや廃棄物の犠牲となっていた神様です。「オオトリ様」は、卵からかえることができなかったひよこや、ニワトリになれなかったひよこが神様になったものです。

また、大人気アニメ「鬼滅の刃」の聖地である、大分県の「八幡竈門（はちまんかまど）神社」は、八百万の神や、鬼がつくった九十九の石段で有名です。挿入歌の1つの歌詞にも八百万が歌われています。

この2つの人気アニメのストーリーの背景に神道の八百万の神がいること、さらに、共に、日本だけでなく海外でも高く評価されていることは、とても興味深い事実です。八百万の神を信じる心とは、神々の「おかげさま」に感謝して生きることを意味します。また、多様性との出会いが縁結びにつながっていくのです。

ご近所の共助（支え合いや助け合い）が「違いを受け入れて、相互に補い合うことを感謝し合う、おかげさまのこと」であるとするならば、非常に似た精神的背景があるともいえるのではないでしょうか。

POINT

■ 日本には八百万の神がいる。
■ 多様性を受け入れる「おかげさま」の精神。

助けてもらうが依存しない、江戸時代の長屋文化

私たちが、江戸時代の町人の暮らしとして、一般的にイメージしている長屋とは、裏長屋と呼ばれるものです。表長屋には比較的裕福な商人などが店を出している場合が多く、住居兼用でもあり少し広めの長屋でした。それに反して裏長屋は住むだけのスペースで狭かったようです。入り口である引き戸を開けるといきなり部屋全体が丸見えといった感じです。そこは多種多様な人々、例えば、大工や左官などの職人の家族、魚や野菜の行商人、三味線の師匠などの生活の場だったのです。井戸、便所、ごみ箱などを共有することで、自然と助け合い文化が育まれました。井戸端会議の文字

通り、長屋の共同井戸は住民が集うコミュニケーションの場でした。長屋は、賃貸住宅の集合体というより、1つのコミュニティだったのです。

ここで、私の好きな言葉を1つ紹介します。江戸時代の長屋の人づきあいを表現したものです。『大江戸ボランティア事情』（講談社文庫）という本の中で、法政大学前総長で江戸文学研究者の田中優子氏が述べています。

「相手を感じ取り、必要な時には助けるが、おせっかいはしない。

代表的な長屋の例

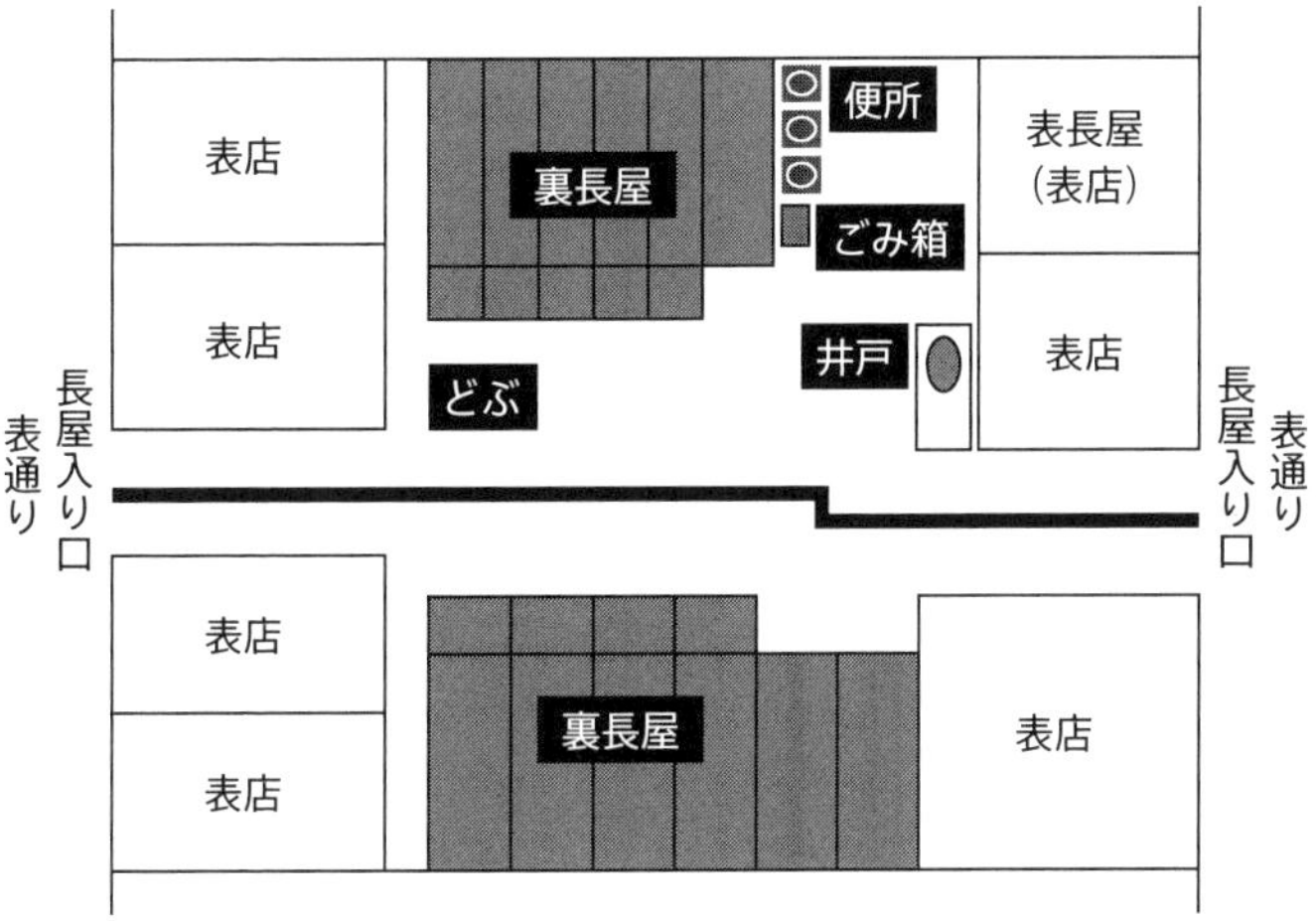

助けてもらうことはあるが依存しない」

支え合いや助け合いを考える時には、いつもこの言葉が頭に浮かんできます。

「向こう三軒両隣」や「遠くの親戚より近くの他人」といった、ご近所の共助、つまり、地縁のありがたさは、江戸時代から続く日本の文化なのです。

POINT
■ 長屋の生活における人とのつながり方。
■ 地縁のありがたさ。

災害大国日本が助け合い文化を育んだ

台風、大雨、大雪、洪水、土砂災害、地震、津波、火山噴火など、日本は外国に比べて自然災害が非常に多い国土です。世界からは「災害大国」とも呼ばれています。

特に地震に関しては、全世界で起こったマグニチュード6以上の地震の22・2％が日本で起こっています。日本の国土の面積は世界の0・25％に過ぎないにもかかわらず。

（出典：内閣府防災情報）

今、私たちが大過なく過ごせているのは、とんでもない幸運の上に成り立っている気がしてきませんか。堤防が整備されたり、地震対策の技術が進歩したりしたため、昔に比べたら、人口の増加にもかかわらず、死者・行方不明者の数は減少傾向にありました。

しかし、平成7年の阪神・淡路大震災では約6500人、平成23年の東日本大震災では2万人を超える死者・行方不明者が出ました。死者・行方不明者のほかに、怪我をされた人、住居が倒壊した人、勤務先が倒産し失職された人など、一瞬にして生活基盤を失った人が多数おられます。

そんな中行政による公助が届くまで、また届いた後も、被災者を身近で支えるのが、ご近所による共助なのです。震災時も、ご近所の方が孤立していた老人に気づき、近隣住民と助け合って救助をした、などの事例が続々と見られました。

また、歴史的にも、鎌倉時代から「結」（共同作業）、「頼母子講」（仲間内でお金を融通し合う）などの助け合いがあったことが文献から確認されています。「結」とは、田植えや屋根葺きなど一時的に大きな労力がかかる際の共同作業のこと。世界遺産として名高い、岐阜県白川郷の合掌造りの茅葺きの屋根の葺き替えは有名です。一戸の掛け替え時に村中から人が集まります。８０００束以上の茅を運ぶ者、10メートルを超える高さの屋根に登って葺き替え作業を行う者、作業後にふるまう料理をつくる者……。それぞれの役割を全うし、大きな屋根を葺き替える、これが白川郷の「結」です。

私たち日本人は、頻繁に続く大災害を通して、災害時（有事）にも平常時（平時）にも助け合う精神が、「人の心」と「人との和」を大切にする精神が、深く遺伝子に刻まれているのです。

POINT

- 災害大国が育んだ助け合う精神。
- 災害時（有事）、平常時（平時）にかかわらず助け合う日本人。

日本人の遺伝子が地域共生社会に導く

本章でこれまでお話しししてきたことを総称して、「日本人の遺伝子」と呼ぶことにします。私が普段、ご近所とご近所を取り巻く地域に向き合い、多くの住民の方とふれあう中で、見えてきた景色の1つが、下図になります。日本人の遺伝子という温かさが土台としてあり、その上に、温かさと冷たさが共存しているイメージです。

この「温かさ」の正体は、幸せホルモンと呼ばれる「オキシトシン」

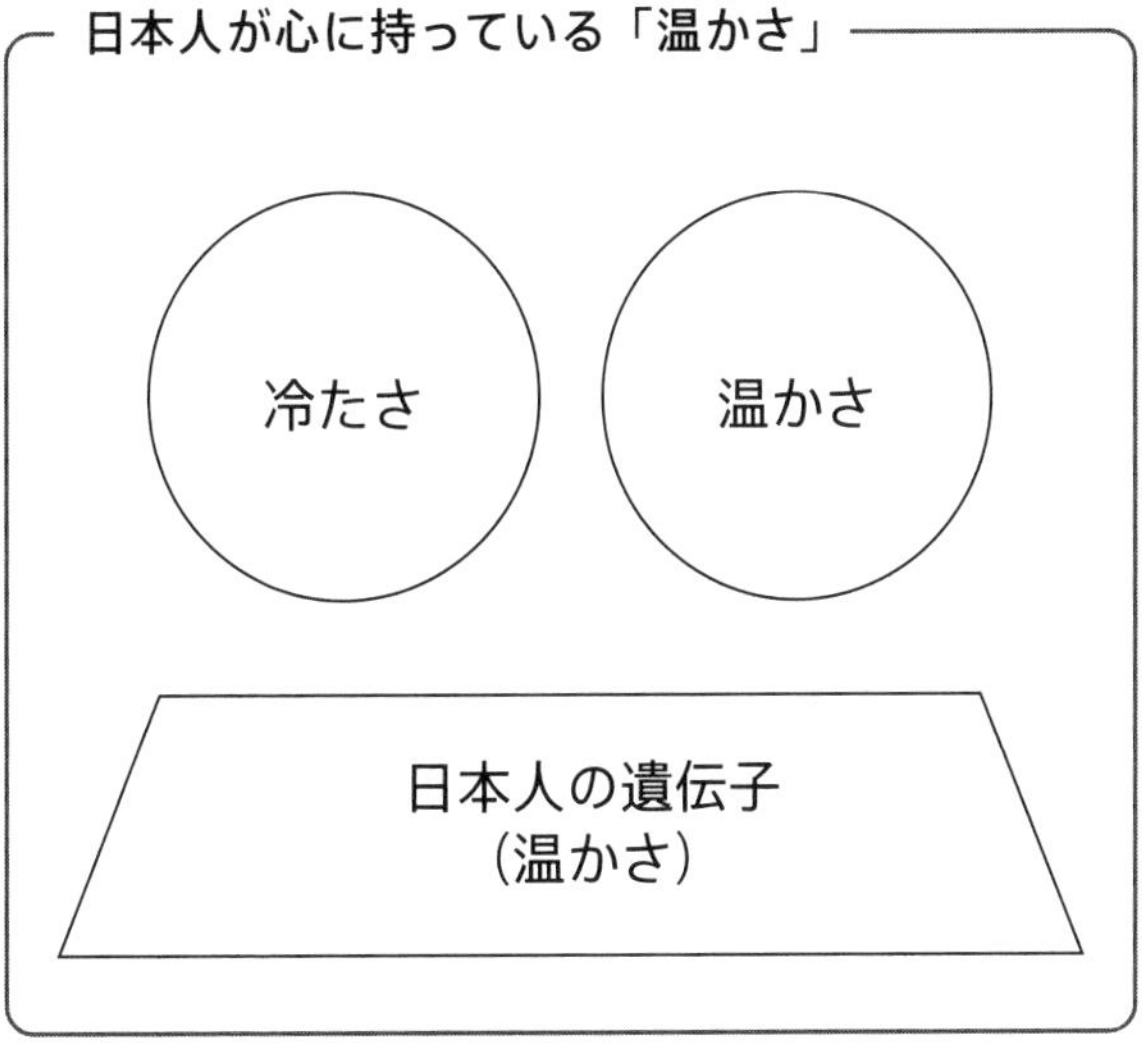

にあるといわれています。笑顔のあいさつだけで、私たちの脳内にオキシトシンが分泌されます。さらに、一言二言、言葉をかわすと分泌量が増え、ほのぼの、ほんわか、ポカポカなど、温かく幸せでうれしい気持ちになれるのです。

私たちの足元には、温かさと冷たさが共存していること、そして日本人の遺伝子（温かさ）が、地域共生社会に向かう私たちの背中を押してくれる（地域共生社会に導いてくれる）のです。

私たちは、安心して、次世代のために、地域共生社会に向かう具体的なアプローチをみんなで共創していくことができるのです。

日頃、行政職員の方とじっくりお話ししていると、担当が市民協働であれ、防災であれ、廃棄物減量であれ、その関与する制度のありたい姿や真の目的について語る際に、皆さん口を揃えてこうおっしゃいます。

「地域の住民の皆さんが、この制度をうまく使って、共助（助け合いや支え合いなど）の意識を育み、豊かな暮らしの実現につなげていただきたい」

ぜひ私たち「みんな」で安心・安全な社会を創り出していきましょう。

POINT

- 温かさと冷たさの共存。
- 日本人の遺伝子を信じることの大切さ。

第7章

行政の限界と住民主体について考える

3層が変わらないと世の中は変わらない

第1章で地域社会（市区町村）の3つの層についてお話ししました。1層は市区町村全体、2層は地区や地域、3層はご近所エリアを指します。この3層（ご近所エリア）は私たちにとって非常に身近であるのに、一般的に行政の政策は届きにくい。なぜなら、行政は問題やクレームがないように、時間をかけて欠点がない、完璧なものをつくろうとするからです。

地域包括ケアシステムの第一人者であり東京大学高齢社会総合研究機構で活躍されている辻哲夫氏（厚労省出身）はこう言っています。

「トップダウンの政策の場合は、ガイドラインや好事例づくりの観点から、その時点で100点満点の教科書を目指す必要性があるため、横展開には時間がかかるデメリットがある。しかし、**ボトムアップの活動は、中身は50点でいいので、すばやく90%の人に届けることに社会的価値がある**」

この言葉は、1層・2層からのトップダウンと3層からのボトムアップの本質、さらに世の中にあふれている「好事例」がなぜうまく横展開できていないのかの本質を的確に表現しています。また、行政の限界と住民主体（行政と住民の線引き・住み分け）について考えるヒントにもなります。

例えば、約５０００人の住民が住んでいる地区で、「これから高齢化が進む同地区で何が必要か」を議論するシンポジウムが開催されても、たった20人しか参加していないことがあります。その20人の内訳も主催者関係が大半で、地域住民は数える程度しかいなく、しかも、いつも同じ顔ぶれ。これは、特に異常なことではなく、現状の１層・２層の地域活動の限界を示している一例です。

本気で自分たちの住むまちや地域を変えたいのなら、ボトムである3層（ご近所エリア）からアプローチしていくべきなのです。トップダウン目線の人たちが、「制度や仕組みはつくったから、あとは、地域住民が使いこなすようになる（こなれる）までに時間はかかるものだ」とか言っている間に、私たちが、住民主体で、その制度や仕組みの弱点を補完して突き上げていく。本来、トップダウン目線の人たちも、ご近所の住民です。私たちみんなで行動を起こすべきなのです。

POINT

■ トップダウンだけではなくボトムアップの流れをつくる。
■ 中身は50点でも迅速に90％の人に届ける。

地域包括ケアシステムと地方創生の重なり

これまでは、地域活動や地域社会活動というと、地方創生（従来の地域活性化）の文脈で扱われることが多く、地域包括ケアシステムの視点が欠落していました。理由は、地域包括ケアシステムが、医療と介護の連携視点と社会福祉視点の問題だと考えられていたからです。

しかし、２０２５年問題を控え、地域社会やまちづくりを語る上で、地域包括ケアシステムと地方創生は、車の両輪。ここでも縦割りに横串を通すことが大切なのです。

地域包括ケアシステムと地方創生の「重なり」こそが、ありたい姿である地域共生社会といえます。なぜなら、地域包括ケアシステム構築の先には、明確に地域共生社会があるから。さらに、地方創生でも、2020年からスタートした第2期の横断的な目標の中に、「持続可能で多様性と包摂性のある社会の実現（地域共生社会の実現と同じこと）」が明記されています。

地域包括ケアシステムとは、「重度な要介護状態となっても住み慣れた地域で自分らしい暮らしを人生の最後まで続けることができるよう、住まい・医療・介護・予防・生活支援が一体的に提供される仕組みづく

地域包括ケアシステムと地方創生の重なり

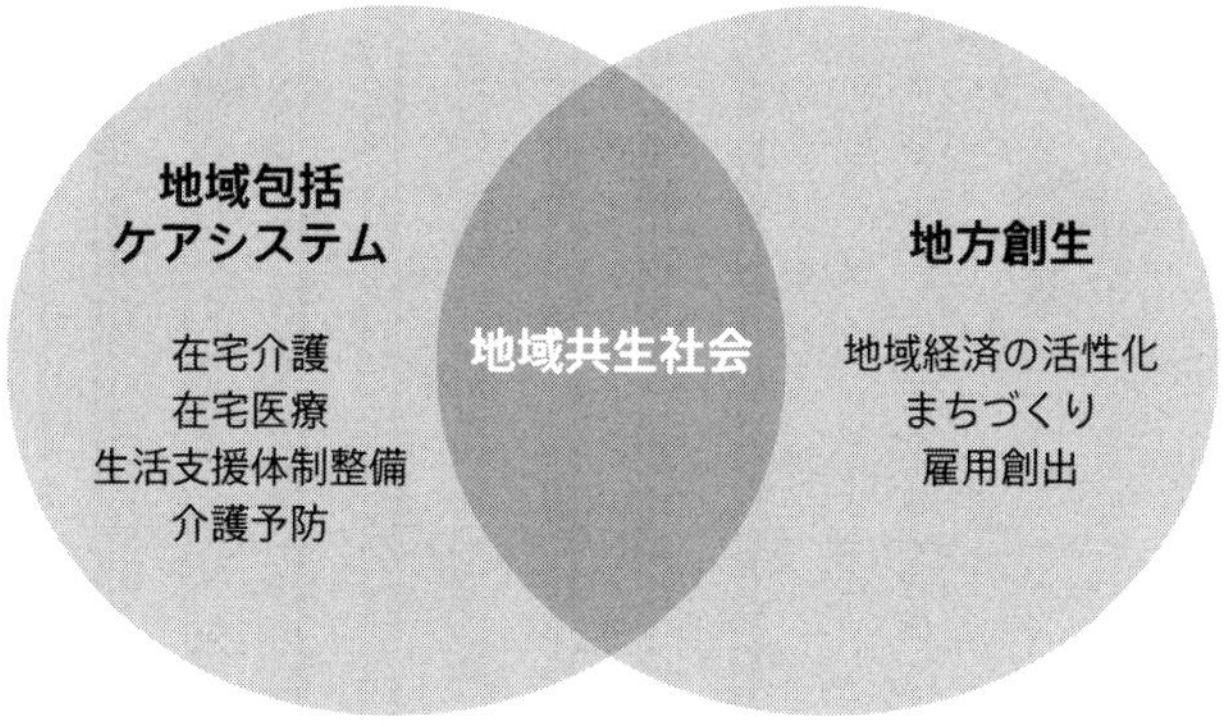

り」（厚労省のホームページ参照）のことです。医療、介護及び福祉の視点から、「専門的支援」に目が向きがちです。住まいをとり巻く「ご近所支援」をみんなでもっと育んでいきましょう。

もう一方の地方創生についてですが、皆さんは、「まち・ひと・しごと創生法」というのをご存知でしょうか。

地方創生総合戦略の一環として、２０１４年に制定されたものです。人口減少を克服し、地域経済を活性化することを目的として、「人口の

地域包括ケアシステムの姿

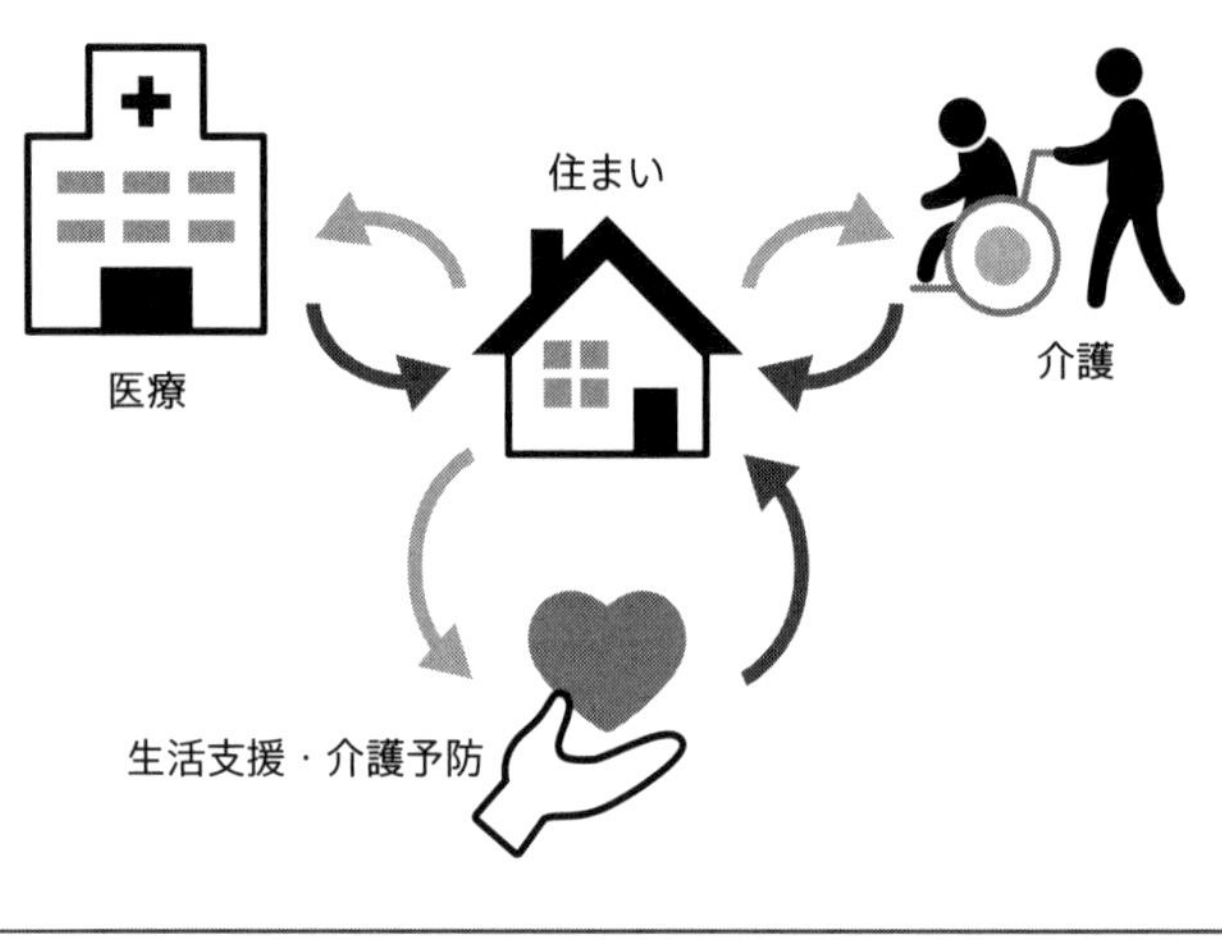

東京一極集中の是正」と「出生率アップ」を掲げてはじまり、市区町村ごとの計画作成を義務付けました。第1期が２０１９年で終わり、第２期が２０２０年からスタートしています。

第1期の反省点や、第2期の課題を第一人者の方々がメディアで語っています。簡単に要約すると、目標達成はできなかったとして、その原因は、「トップダウンの中央集権的なアプローチをとったため」「短期的な対症療法に終始し、教育や人材育成など、本質的な取り組みまで至らなかった」「生き方に関しては価値観の多様化が進まなかった」といったことにあるとしています。しかし、第1期の反省を踏まえた第2期の課題として、「ボトムアップ型の下からの議論を積み上げること」「民間との協働を積極的に進めること」「地域運営にも経営視点を導入すること」「時間軸を短期と長期に分けて議論を進めること」を挙げています。

一方で、一部の先進的な市区町村は、従来の地域活性化の延長線上で、ＩｏＴ活用の視点から、産官学連携での実証実験に参画してたくさんの好事例を創出しています。例えば、地場産業（農業など）の活性化、防災の強化、関係人口の創出（スポーツ、伝統文化、各種ツーリズム）など、幅広い分野が該当します。民間企業も積極的に、地方創生分野に事業参入しているのが現状です。

では、この2つの社会システムの「重なり」である地域共生社会は今後どのように具現化されていくのでしょうか。未知のゾーンに突入していることを理解した上で、地域の課題をどう解決していくか、新しい時代の感性で設計図をつくって行動していくことが求められています。つまり、ご近所とご近所を取り巻く地域社会の未来を創る「設計図づくり」という大構想は、世代を超えて、特に新しい時代の感性が豊かな若い世代に主導させることが大切。周囲は、若い世代の挑戦のサポート役に徹することが理想ともいえます。

POINT

- 地域包括ケアシステムと地方創生は車の両輪。
- 大構想は、若い世代に主導させることが大切。

私たち住民視点で生活支援体制整備事業を活用する

生活支援体制整備事業とは、2015年の国の介護保険制度の改定により、全国約1700の市区町村ではじまった、地域包括ケアシステムの中に位置付けられた事業です。

目的は、地域の支え合いや助け合いを広げて地域共生社会をつくること。具体的には3層（ご近所）において、居場所づくり・生活支援・移動支援などの活動の創出と育成です。もともと、地域には、たくさんの支え合いや助け合い活動がすでにあります。これらの活動をより活性化していくことも含まれます。

居場所には、大きく2通りあります。

1つは、「目的型」の居場所。従来の趣味のサークル、高齢者サロン及び同世代のおしゃべり会、いきいき百歳体操など、あらかじめ目的が明確な居場所です。ご近所にある行きつけの喫茶店や居酒屋など本人にとっての憩いの場、いわゆるサードプレイスなども含みます。

もう1つは、「共生型」の居場所。いつでも誰でも参加できる、出入り自由の居場所です。生きづらさを抱える本人や家族が、ふらっと散歩がてらに気軽に顔を出せて、一人で過ごすのも自由なため、新しい居場所の1つとして注目されています。「共生型」の居場所づくりは、「目的型」の居場所づくりより、多様性に向き合う観点から、運営上の配慮は多いですが、逆に、場所さえ確保できれば簡単にはじめられる（食事を提供しなければ）メリットや、**地域共生のイメージを先取りして体感できるメリット**もあります。

生活支援では、1層・2層での社会福祉協議会などの「お助け隊」等と同じ仕組み（利用者と支援者のマッチングによる有償のボランティア活動）の「3層（ご近所版」が日本全国で立ち上がって、日常生活のちょっとした困りごとを解決しています。

移動支援では、買い物ツアー、移動販売などがあります。買い物ツアーでは、社会福祉法人や介護事業所等のデイサービスの送迎車や民間企業保有の車両などを活用します。徒歩では行きにくいスーパー、商店街、ショッピングモールなどに、ボランティア住民が引率し、参加者みんなで買い物に行くものです。買い物の後はおしゃべりやお茶の時間もあり、楽しい居場所にもなります。移動販売は、事業者が行うもので、常連さんの様子（外見、言動、現金の取り扱いなど）がわかることから、市区町村と見守り協定を結んでいる例もあります。

生活支援体制整備事業は、高齢者モデルから地域共生モデルを明示した点と、生活支援コーディネーターと協議体という活動主体の設置を義務づけた点で画期的。「厚労省の最大のヒット商品」と評価されています。この2つの活動主体について、地域包括ケアシステム視点で具体的なイメージを持ちたい方は、お住まいの市区町村のホームページに加え、地域包括ケアシステムのモデル事業として有名な「柏プロジェクト」（千葉県柏市、東京大学高齢社会総合研究機構、UR都市機構の共同プロジェクト。『地域包括ケアのまちづくり』（東京大学出版会）に詳しく述べられている）がとても参考になります。

ここで、生活支援体制整備事業の現状の課題について一般的にいわれている点を確認しておきましょう。

- 地域住民の意識醸成が不十分である（現役世代の無知・無関心）
- 高齢化で担い手がいない（他の地域団体との人材獲得競争）

・市区町村の縦割りと理解不足（ノウハウの共有に時間がかかる）
・協議体の機能不全（存在意義不明、連携不足など）
・町内会が動かない（動けない）
・住民視点でわかりにくい（何をどうはじめていいかわからない）
・本当に困っている人たちは、なかなか声を上げられない（プライバシーの壁）

町内会などの地縁団体や、さまざまな支援団体等と、全く同じ課題を抱えています。これらの地域活動に共通する課題への向き合い方については、次の第8章で考えていきたいと思います。

POINT

■「目的型」「共生型」、2つの居場所。
■厚労省最大のヒット商品といわれる「生活支援体制整備事業」。

居場所づくり、生活支援、移動支援の「はじめの一歩」

まず、小さくすぐに簡単に「はじめの一歩」を踏み出すことが大切。動き出したら、新しい景色と課題がどんどん見えてきます。ここから具体的事例を挙げていきたいと思います。

1 「共生型」居場所づくり

自分やチームの想いを込めたチラシを1枚つくって、ご近所にポスティングするだけです。戸別訪問して手渡しすると効果抜群。期間限定、回数限定のお試し開催を宣言してはじめてもいいのです。参加住民から感想などフィードバックをもらって、試行錯誤していきましょう。新たに、目的型の居場所をつくる場合も同じです。実際にうまくいっている「共生型」居場所でも、さらなる課題に直面しているものです。「参加者が固定している（高齢者だけ、高齢者と子どもだけ）」「現役世代が参画していない」「運営者の後継者がいない」など。

2　ごみ出し代行

ごみ出し代行のニーズがありそうな世帯（独居の高齢者世帯、在宅介護世帯など）に個別に声をかけて、週2回の燃えるごみのうち1回分など、まずは個人やチームで無理せずはじめてみるといいでしょう。私自身も、避難行動要支援者名簿登録をしている90代の独居高齢女性のごみ出し代行を3年近く行っています。週1回月曜日の燃えるごみだけ。ごみ置き場と反対方向にある、その独居高齢女性のお宅への往復にかかる時間は、ゆっくり歩いても2分くらいです。

3　買い物ツアー

お住まいの地区の生活支援コーディネーターに「まずは1~2回試してみたい」と相談すると、車両手配からボランティア活動保険などの必要書類まで、すべてひな型があるので簡単です。まずは、運営側の有志のメンバーを数人決めたら、トントン進みます。1回目は町内に大々的に周知せず、知り合いの高齢者などに個別に声かけして試行してみるといいでしょう。買い物ツアーは、日本全国、どんどん生まれています。

そして、車両を保有している企業等も地域社会貢献の一環で参入を目論んでいます。

「地域いちばん」「町いちばん」のハタを掲げて。

POINT
■「はじめの一歩」の大切さを知る。
■できることをやる。それが育っていく。

公益財団法人さわやか福祉財団の活動

さわやか福祉財団は、１９９１年に現会長である堀田力氏が前身のさわやか福祉推進センターを発足して、２０２１年に30周年を迎えました。さわやか福祉財団が目指す「新しいふれあい社会」とは、自分を大切にし、互いの個性も尊重しながら、困った時にはお互いさまで、ふれあい助け合う社会です。地域共生の仕組みづくりを進め、制度・施設・住まいのあり方など住民主体の立場からさまざまな提言を行い、地域とつながる新しい生き方を提案しています。

さわやか福祉財団理事長の清水肇子氏へのインタビューから、その取り組みについて詳しく見ていきましょう。

・生活支援体制整備事業の理念について

一言で言えば、住民がみんなでお互いの暮らしを助け合い、いきいきと暮らせる地域の仕組みをつくろうというもの。助け合いは双方向（支えられる側であっても、別の面で支える側にもなれる）であり、すべての人にとって、生活の彩りが濃く豊かになり、生きがいと幸せにつながることをお伝えしたいです。

・どうすれば生活支援を自分ごと化できるか

「必要性」と「楽しさ」がキーワード。「必要性」とは、今困っている人が周りにいる（隠れて見えていない）という実情を知ること。そこから共感が生まれ、初めて自分ごとになります。また「楽しさ」がなければ続きません。助け合いに参加された方々が、そうした体験をお伝えしていくことも具体的なイメージを持ってもらいやすいと思います。

・住民は素人なので何もできないと言う人に対して

住民の強みは、生活・暮らしに密着していること。地域の生活においては、住民は決して素人ではありません。専門的支援にも限界があります。柔軟なつながりを育み、点から面として支える仕組みをつくるためには、住民による助け合いが不可欠です。

・生活支援体制整備事業が見えづらいと言う人に対して

生活支援コーディネーターの別名は「地域支え合い推進員」。住民が主役の地域で支え合う活動を、特に生活支援の面から推進していくものです。住民の活動には決まった答えがありませんので、わかりづらいと思われがちですが、決して難しいことではありません。みんなで地域課題を話し合い、足りない助け合い活動、あったらうれしい活動を洗い出してみてください。そして、優先順位を決めて、できることからはじめてみることです。小さな一歩で、小さな成功体験を積み重ねることが大切です。

さわやか福祉財団は現在、生活支援体制整備事業の全国的支援、推進役として素晴らしい活動を続けています。具体的には、住民の皆さんはもとより、全国の市区町村の担当者、生活支援コーディネーター・協議体をはじめ地域づくり関係者等に対して、取り組み段階に応じた情報提供、アドバイス、好事例の提供などの支援を行っています。介護保険がはじまるずっと前から、地域の助け合い活動を育んできた多くの実績があり、地域包括ケアシステム等の制度設計にも強力な提言を行ってきました。ホームページで、刊行物、情報誌及び資料等をぜひご覧ください。各地域のリアルな活動内容や課題がとてもよくわかります。

POINT

- 生活支援体制整備との向き合い方。
- さわやか福祉財団の素晴らしい活動。

70歳定年と生きがい就労について考えよう

2021年4月から、70歳定年が努力義務化されました。

70歳定年については、次のようにいろいろな論点があります。

・あらゆる分野での労働力不足を補える。
・国の社会保障費の財政悪化に歯止めをかける。
・働き方の多様性を育む。
・働くことが生きがいにもなり、心身の健康につながる。
・本人の意思や状況に応じた働き方ができないと、ストレスになる。
・人生１００年時代を考えると、年金以外の収入を確保する必要がある。
・企業経営視点では人材を雇用し続ける余力がない一面もある。
・地域の活動に目を向ける時期が遅れる一面もある。
・定年うつがより深刻になる可能性がある。

70歳定年について考えることは、定年の有無とは関係なく、私たち一人ひとりの生き方、働き方、学び方及び地域との関わり方について、どうデザインしていくかを考えることなのです。

皆さんは、生きがい就労という言葉を聞いたことがあるでしょうか。

生きがい就労とは、高齢者がお住まいの地域で楽しく自分らしく働くことで、地域社会の課題解決にも貢献し、生計の役にも立ち、生きがいになることを目指すもの。週2～3日、1日3～5時間という新たな「プチタイム」「プチ勤務」という働き方が全国でたくさん生まれています。特に農業、保育及び介護などの現場でのワークシェアリングのモデルにもなっています。

先に紹介した、東京大学高齢社会総合研究機構の辻哲夫氏は、生きがい就労に対する心構えについて、次のように述べています。

「地域で居心地よく過ごすライフスタイルをイメージするには、現役時代の肩書きを捨てる覚悟（頭の切り替え）が必要。そして〝自分たちのご近所や地域をもっとよくしたいという想い〟〝ここにずっと住み続けたいという想い〟を抱くことが、何より一番大切です」

定年後、引退後の自分を想像し、より幸せに生きるためのビジョンをぼんやりとでもイメージしてみて下さい。

POINT

■ 70歳定年から自分の生き方を考える。
■ 生きがい就労が選択肢の1つになる時代。

私たち住民視点で避難行動要支援者支援制度を活用する

2021年5月に災害対策基本法が改正されました。主な改正点は次の2つです。1つめは、警戒レベルの変更（従来の曖昧な表現の明確化）。例えば、警戒レベル4で必ず避難（避難勧告は廃止）することになります。台風や豪雨等の風水害（河川の氾濫など）、土砂崩れなどが対象です。一方、大地震は、警戒レベルは明確にはなく、いきなり起こります。

ここでは、2つめの避難行動要支援者支援制度の変更について、第3章で前述した「世帯状況マップ」との比較も含めて、ご近所視点でお話しします。

具体的には、個別避難計画の作成について、従来の「可能な限り・望ましい」から「努力義務」へと変更になっており、おおむね5年程度で作成に取り組むことになります。個別避難計画の一部作成と未作成を合わせると約90％（令和2年10月現在）。全国の大半の市区町村が本腰を入れることで、今後一気に、私たちの身の回り（ご近所）の議論に上がってくることが容易に想像できます。

避難行動要支援者の避難行動支援に関する取組指針（2021年5月改定　内閣府防災担当。以下、「取組指針」という）を参考に、世帯状況マップとの比較表を作成してみました。

言葉の説明を少し加えると、「避難行動要支援者」とは、主に独居の高齢者、要支援要介護者、障がい者等が対象。「避難支援等」とは、避難の支援、安否確認、その他の生命又は身体を災害から保護すること。「避難支援等関係者」とは、町内会長、民生委員、自主防災組織、消防機関、地域包括支援センターなど。

ここで、皆さんと一緒に考えていきたいことは、制度の限界を住民主体でカバーしようということです。市区町村ごとの判断の余地はありますが、今後、優先度を踏ま

今ある制度の活用と、住民主体の合わせ技

	避難行動要支援者支援制度		住民主体
	要支援者名簿	個別避難計画	世帯状況マップ
目的	避難行動要支援者に対する、避難支援等を行う。災害時に活用できるように平常時から避難支援等関係者間で共有し活用（訓練など）する。	左記に加え、避難行動要支援者一人ひとりに合わせた避難支援等を行う。	世帯状況を共有することで、共助の意識を育み、災害時だけでなく、日頃からの支え合いや助け合いにつなげる。
共有する情報	氏名、生年月日、性別、住所、連絡先（電話など）、避難支援等を必要とする事由など。	左記の名簿情報に加え、要介護度・障がい度・身体能力、避難支援の方法・留意点、避難経路など。	世帯代表者の氏名、住所、連絡先（電話など）の一般的な住民名簿情報に加え、世帯構成、共有したいことなど。
開示範囲（エリア）と運用方法	町内会エリアごとに作成されたものを避難支援等関係者が市区町村から受領し保管・運用する。	同左。	戸建ての班ごと、共同住宅の各棟や各フロアごとなどに限定して共有する。町内会エリア全体分は、取りまとめ役（町内会長や自主防災組織など）が保管・運用する。
情報提供世帯による上記3点の同意方法	同意書を市区町村に提出する。	個別避難計画に同意のサインをして、市区町村に提出する。	同意の意思を書面や口頭で、取りまとめ役に伝える。
情報提供を受けた者（個人）の個人情報の取り扱い	施錠保管、必要以上の複製禁止、取り扱い状況の報告など。災害時に名簿情報を住民に提供する場合は、使用後に廃棄・返却等を求める。守秘義務（罰則なし）を果たす。	同左。	当初に同意した開示範囲（エリア）外の住民等には、口外しないように気をつける。保管や更新時の廃棄・返却等に留意する。

えた個別避難計画の作成が、市区町村主体のトップダウンと、本人と地域からのボトムアップと、住み分けして進むことが想定されています。

制度の限界とは、主に次の3点を指します。

1　現時点で対象者の約50%は本制度に同意していないといわれている。

2　支援者の記載欄が埋まらない。(向こう三軒両隣で頼める人がいないなど)

3　要配慮者(一時的なけが人、妊婦、幼児、日本語が苦手な外国人住民など)は対象外である。

これらの限界を住民主体(ご近所)でカバーする、1つの有力なツールが、「世帯状況マップ」と位置付けることができます。

地域共生社会や多文化共生社会の実現と言っても、私たちは、自分ごととして、行動を変えることがなかなかできない。そんな中、「防災」「減災」が私たちの行動を変える切り札になることは、もはや地域の合い言葉です。例えば首都圏直下型大地震が起こる確率は「今後30年で70%」で、被害想定は歴史的にみても例がない規模になると言われています。つまり、いつ起きてもおかしくない。本番が来てから、もっと真剣に備えておけばよかったと悔いても遅いのです。

また、「取組方針」の中にも、支援者の輪を広げる視点や、支援者の負担感を軽減する視点から、避難訓練等を通じて、同じ地区に住む避難行動要支援者の支援を近隣住民が経験してもらうことの大切さや、共助の力を引き出すことが明記されています。すなわち、制度の有効性を担保し、かつ制度の限界をカバーするには、私たち一人ひとりが、「ご近所の共助とは、未来の自分と家族を助けること」と、自分ごととして考えていく必要があるのではないでしょうか。

POINT

- 要支援者名簿、個別避難計画、世帯状況マップの比較。
- 制度の限界は住民主体でカバーする。

指定避難所運営の限界を理解しよう

避難行動の全体像を理解する上で、災害と避難所をそれぞれ2つに分けて考えてみましょう。

まず、災害です。ここでは、大きく「大地震」と「風水害、土砂崩れ、大地震後の津波その他」に分けます。その理由は、「風水害、土砂崩れ、大地震後の津波その他」の場合は、被災するリスクが高いエリアの住民は、迷わず、指定避難所等に避難する必要がある。一方、「大地震」(津波を警戒する沿岸部以外)の場合は、基本的に、在宅避難を想定する必要があるからです。指定避難所の受け入れ体制(特に宿泊可能人数等)に大きな制約があるため。これはコロナ禍の指定避難所の受け入れ訓練等でより顕在化した問題でもあります。そこでここでは、「大地震」(津波を警戒する沿岸部以外)に絞って、話を進めていきます。

次に、あまり知られていませんが、避難行動には、2段階あります。第1段階は、ご近所エリアにある自主避難施設(集会所等)や自主避難場所(公園や空き地等)に避難すること。第2段階は、小中学校の体育館や公民館などの指定避難所への避難です。指定避難所については、市区町村の担当職員(同地区居住等)、学校(施設運営者)、地区住民の代表(町内会など)からなる指定避難所運営委員会が運営します。

指定避難所運営委員会の組織には、一般的に、総務班、名簿班、情報広報班、食料・物資班、救護班、衛生班などがあり、指定避難所（小中学校の場合は体育館、教室、グランド等）の開設と初動の運営を、運営マニュアルに沿って行うことになります。

しかし、指定避難所運営委員会がない場合は、市区町村の担当職員と学校だけで対応することになり、開設と初動の混乱が容易に予想されます。よく避難所として体育館の映像を見ることがあると思いますが、これは指定避難所の映像です。原則、市区町村の災害対策本部との連絡は、指定避難所の市区町村の担当職員が行います。

以上を踏まえ、指定避難所の限界について考えてみましょう。

皆さんは、指定避難所である最寄りの小学校の体育館で宿泊避難するとして、どんな生活をイメージしていますか。実際、住民参加型の避難行動訓練に参加した方の中には、ホテルに宿泊するかのような勘違いをしている方が一定程度いるのが、現場あるあるです。

・宿泊可能人数の限界

例えば、私の最寄りの小学校の体育館で宿泊避難できる人数は、コロナ禍でソーシャルディスタンスを取ると64名。対象となる４つの町内会エリアの居住住民は約２５００人なので、割合は約２・５％。ソーシャルディスタンスを取らない従来の受け入れ可能人数は約４倍の２５０名で割合は約10％です。

・備蓄品の限界

同様に、主な備蓄品数は次の通り。アルファ米３００食、乾パン３００食、飲料水１６０本、毛布２００枚、簡易トイレ４基など。

つまり、被災当初、宿泊避難する場合は、食料・飲料水、衣類、日用品などは、私たちが自宅から持参することになります。さらに、電気がないので冷暖房なし。水もでないのでトイレも不自由。夜も音や臭いが気になり熟睡できない。そんな不快な生活になることをイメージしておきましょう。

POINT

- 災害と避難所をそれぞれ2つに分けて考える。
- 指定避難所の運営の限界を知る。

自主防災組織について考えよう

先ほど述べたように自主避難施設や自主避難場所は、ご近所エリアの自主防災組織が運営します。そして、その運営には市区町村は関与しません。市区町村が運営に関与するのは、指定避難所まで。令和元年版の消防白書によると、全国の自主防災組織の活動カバー率（世帯数）は約84％となっています。

平常時（平時）の活動項目は、防災訓練、避難行動訓練、防災知識の啓発、消火器・バケツ等の購入、活動地域内の防災巡視などがあります。災害時（有事）の活動項目としては、住民の安否確認、避難誘導、負傷者等の救出・救護、初期消火、情報の収集・伝達、給食給水、災害危険箇所等の巡視などです。近年では、これに加えて、前述した指定避難所との連携作業（報告作業）も入ります。具体的には、町内全世帯の在宅避難含む分散避難の状況報告、災害対策本部からの食料や物資の必要数報告、その他必要物資の要請など。

皆さんのお住まいのご近所や地区はどうですか。防災訓練（防災講話や消火器の使い方など）の実施状況はどうですか。住民参加型の避難行動訓練は実施されていますか。

次に、自主防災組織の課題です。ここでは、「活動の形骸化」と「避難行動訓練への対応」についてお話しします。

活動の形骸化というのは、主に町内会と同一の組織である場合です。役員が全員1年任期であるため、最低限のことしかできず、さらに活動自体が形骸化する（ルール通りの運営ができていない）ことも多いのです。現在、自主防災組織と町内会が同一組織のケースと別々の組織のケースとだいたい半々から別組織の方が少し多いくらいといわれています。これからは、自主防災組織は町内会とは別組織、別チームで運営するスタイルが主流になります。

また、防災訓練の中に避難行動訓練が入っていないことが多いのが現状です。対応としては、避難行動訓練を実施するしかありません。できない理由を挙げるより、どうしたらできるかを考えていきましょう。次項の「小さな避難行動訓練」も選択肢の1つです。

ご近所の自主防災組織のメンバーの役割について、平常時の啓発・訓練はイメージしやすいですが、最も大切なのは、日頃から、誰が見てもわかるマニュアルをつくっておくこと。特に「発災時の初動」について準備して訓練しておくことです。発災時の初動は、自主防災組織のメンバーだけでなく、住民が主体的に協力して行う前提で準備しておく必要があります。なぜなら、メンバーが自身の怪我や、家庭や仕事等の事情で、その場にいないか、いても活動できないことは容易に想像できるからです。

防災については、行政や自主防災組織のメンバーがすべて面倒を見てくれると勘違いされている方も多いと思います。しかしそうではありません。平常的に自主防災組織が機能していても、本番（大地震）では住民主体で動くことになります。

あなたのご近所・町内の自主防災組織の現状をまず確認してみてください。また、自主防災組織がない場合は、すぐに、有志のチームで、新設か代替策の検討を進めることをおすすめします。本番（大地震）が来た時の〝大混乱〟〝大ストレス〟〝無駄死に〟を回避するために。

POINT

- 避難行動訓練をしよう。
- 誰が見ても、すぐに動けるマニュアルづくりが大切。

小さな避難行動訓練のすすめ

前述した通り、町内（ご近所）エリアでの防災訓練は、一般的に、防災講話、消火器の使い方及び炊き出しなどが定番で、避難行動訓練を実施しているところはごく少数派です。私の町内会で住民参加型の「避難行動訓練」を２０１９年秋に実施しました。その際に、住民参加率が５％に満たない避難行動訓練を年１回することの限界を強く感じました。その後、コロナ禍で、町内のエリアを分割して、避難行動訓練をすることを考えました。現在は、班ごとの「小さな避難行動訓練」を試行しています。世帯状況紹介の場としても、参加住民からは大絶賛です。

「小さな避難行動訓練」のカタチはさまざまあっていいと考えています。例えば家（世帯）、向こう三軒両隣、同じ班や棟、隣接する複数の班や棟などが考えられます。そして、「小さな避難行動訓練」の最大のメリットは、「やりたい」と思った住民が周りに声をかけ、簡単にはじめられることです。日時を決めて、参加できる世帯だけでまずやってみる。例えば、みんなで声をかけ合い、集合場所（自主避難施設や自主避難場所、決まってなければ近くの公園など）まで歩いて、そこで安否確認しておしゃべり（情報交換や問題点の共有など）するだけでもいい。要するに、町内会がなくても、自主防災組織がなくても大丈夫。私たちにできることはたくさんあるということです。

おすすめは、ご家庭で、寝ている時間（真夜中）の大地震（電気・ガス・上下水道停止）を想定して、例えば、家中の電気を消して真っ暗な中で、懐中電灯だけで、家族の（自分の）安全確認、備蓄品確認、どういう経路で家の外に出るかなど、実際に行動してみるのです。防災の専門家が口を揃えて言っていることですが、何よりも大切なのは、まず「くつ」を履いて、足を守ること。ガラスや壊れたものなどが室内に散乱するため、足を怪我しやすいのです。足を怪我すると、家の外に出る、避難行動するなど、自力での移動が困難になるからです。そんなふうに、自分で行動してみることでいろいろな発見があります。

ぜひ、避難行動要支援者名簿の登録者本人、家族及び登録支援者を巻き込んで、一緒に「小さな避難行動訓練」を楽しんでみてください。もちろん、同名簿が機能していなくても大丈夫。名簿対象者を想定して、お声がけするだけ。そもそも、避難行動要支援者名簿の目的は、災害時だけでなく、訓練などを通じて、日頃からご近所の共助を育むことにあります。

また、避難行動要支援者の方はデイサービス等を利用している方も多いので、事前にデイサービス等へのお休み連絡をサポートしてあげましょう。また、避難行動訓練自体はそんなに時間がかかるものではないので、デイサービス等がない日に行うとか、デイサービス等の前後の時間帯で行うなど、いくらでも工夫できます。専門的支援者の方に訓練参加の声がけをして、訓練のフィードバックをしてもらうと、より学びが深いものになります。

本章で前述した「私たち住民視点で避難行動要支援者支援制度を活用する」「指定避難所運営の限界を理解しよう」「自主防災組織について考えよう」と合わせて、世の中で一般的に議論されている行政・産業界視点（1～2層、広域連携、復旧や復興など）の「防災」「減災」と、草の根視点（ご近所）の「自主防災」「自主減災」の違いがおわかりいただけたでしょうか。要するに、「防災」「減災」分野でこそ、3層（ご近所）からのボトムアップが必要なのです。

POINT

- 小さな避難行動訓練のカタチ。
- 草の根視点の大切さ。

第 8 章

地域の活動に共通する難問を解決する

私たち住民の共助と参画の意識をどう育みますか

地域の活動内容や、置かれている立場にかかわらず、活動に参画している人たちの「住民がこの活動の目的や内容に無関心で、意識が低い」という声を本当によく耳にします。一方で、「住民の意識を育むなんて、できるわけない」「みんな自分と自分の家族のことで精一杯だから、無理」「今のままで困っていない」と多くの住民が言います。

私は、普段から両方の声に加えて、生きづらさを抱えている多くの世帯の声に接しています。この現実を受け止めた（包み込んだ）上で、私たち住民の共助と参画の意識を育むには、どうしたらいいのか。住民の共助と参画の意識を育むことは、ご近所の未来づくりへの変化を起こすことと同義で、そのためには、「共通言語」が不可欠と考えています。

私が見ている景色をどう切り取って、どう見せること（言語化すること）が、皆さんにわかりやすく伝わるのか、共感されるのか、皆さんの心に届くのか、私自身が体感した各シーンに基づいて、多くの住民の方の声に導かれながら、考え抜いた結果が、この本なのです。つまり、この本を「共通言語」として、温かいコミュニケーションを生み、温かい変化を起こすために、一緒に試行錯誤していきましょう。その変化の過程に身を置くことで、私たち住民の共助と参画の意識が、自然に、普通に、育まれていくのではないでしょうか。ここでの参画は、あくまで、無理せず、できる範囲で楽しむことを指します。

また、変化を起こすためには、私

「本書の構成」＝「共通言語」の大項目

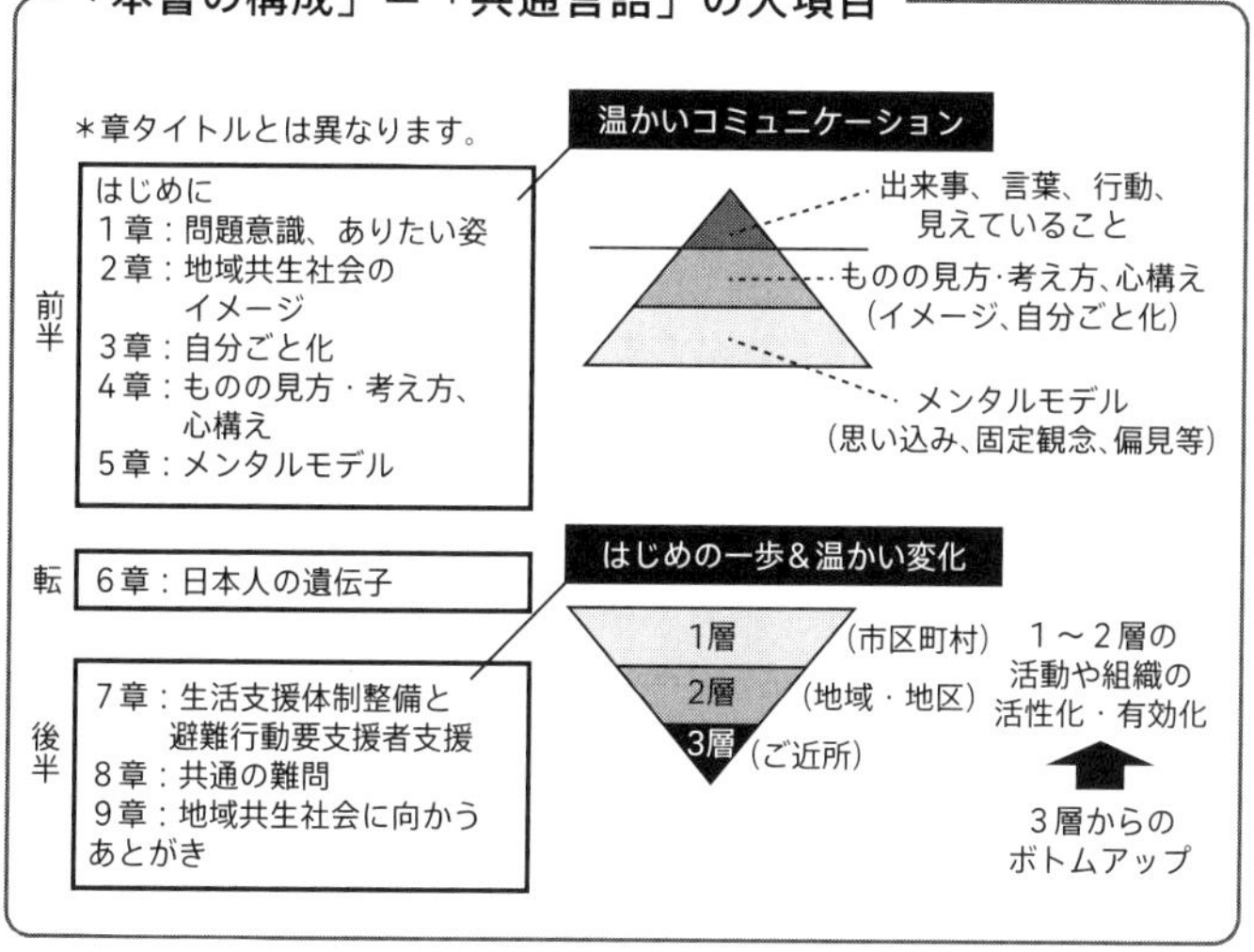

たちの行動を変える必要があります。行動を変えるための2つの要素が「私たちの意識（考え方・心構え）やメンタルモデル（無意識の思い込み・固定観念・偏見等）」と「私たちを取り巻くコンテクスト（背景、環境、状況、文脈、条件など）」といわれています。本書の構成も、この2つの要素で、前半（意識と無意識を見える化した氷山モデル）と後半（コンテクストとしての市区町村の3層構造、地域共生社会に向かう具体的なアプローチ）を大まかに分けています。

POINT

■ どうしたら皆さんにわかりやすく伝わるのか、共感してもらえるのか。
■ 本書を片手に私たち住民の共助と参画の意識を一緒に育みましょう。

高齢化による担い手不足をどう解決しますか

「高齢の独居世帯が多く、世帯数の減少も著しい中で、数年後のことを考えると不安」

「過疎化の進んだ農村地域でのコミュニティ活動のあり方をどうしたらいいのか」
「とにかく高齢化で担い手がいない」
「町内会活動の縮小を検討せざるを得ない」

高齢化が進んでいるご近所エリアの問題は、どこも深刻です。活動の中心メンバーの高齢化が進むと、一般的に、体力的にも金銭的にも大きな制約がかかり、従来通りの活動が維持できなくなるのです。

ここでは、町内会を例に、高齢化による担い手不足を考えてみましょう。

3層（ご近所エリア）の捉え方（例：町内会起点）

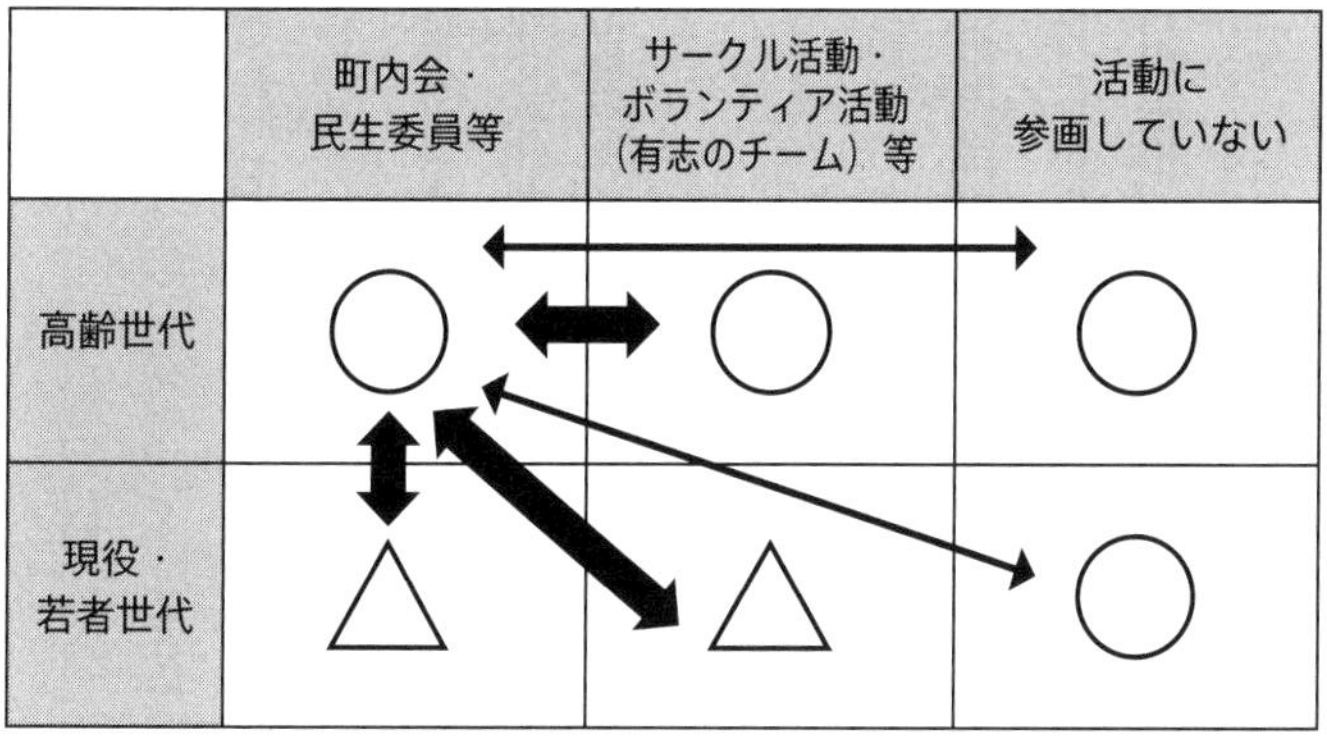

※○多数　△少数　（横軸の３項目に占める人数）
※⟷の意味：参画・連携・応援等

よくあるのは、現状の町内会の活動に限定した課題の共有に止まって、解決策までに至らないことで、活動の縮小やむなしとなることです。

まずは視点を動かすことが大切です。ありたい姿（例えば地域共生社会）に近づくためには、どんな活動が必要かを話し合いましょう。

また、その活動主体は、町内会でなくてもいいのです。他の活動との連携や、新しい活動の創出なども視野に入れましょう。また、現役世代や若者世代を巻き込むのは無理と決めつけていませんか。第3章の自分ごと化する視点を持って、自分たち

3層（ご近所エリア）と3層を取り巻く1層・2層の関係

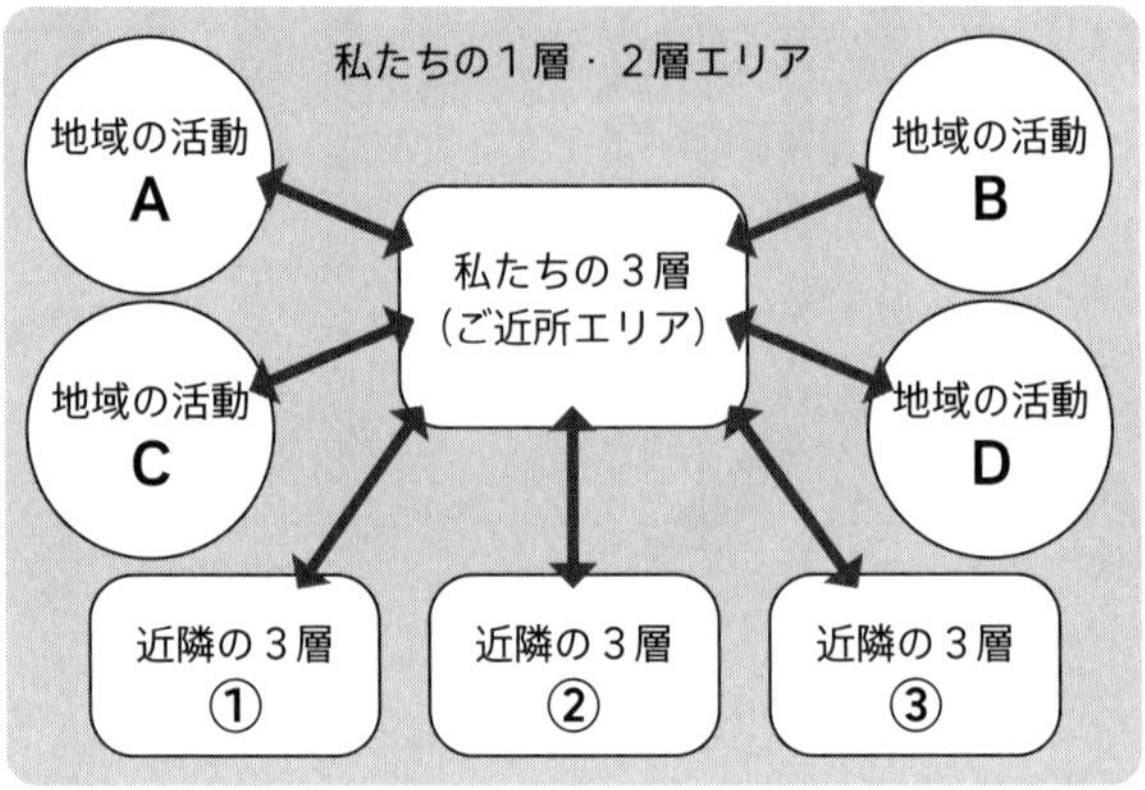

が好きなこと、楽しいこと、関心があることを切り口に、現役世代や若者世代が実際に町内会活動や町内サークル活動、ボランティア活動に参画している事例は全国にたくさんあります。

さらに、近隣の町内会との連携（例えば行事の共同開催や相互に応援団派遣など）や、町内会エリアを取り巻く1層や2層の活動（地区町内会連合会、指定避難所運営委員会、生活支援コーディネーター、地区社会福祉協議会、地域包括支援センターなど）との連携や活用など、選択肢はたくさんあります。

町内会があってもなくても、有志のチームを立ち上げて、町内で必要な活動に着手することができます。まずは、体験や実験を目的に、期間や回数を限定して、入口のハードルを下げる工夫も大切です。また、前述の「私たち住民の共助と参画の意識」を育むことで、自然に、普通に、世代を超えた担い手が生まれてくるのです。

POINT

- ■ 町内会の枠をはずして、ありたい姿を考えよう。
- ■ どうすれば、現役世代や若者世代を巻き込めるか考えよう。

町内会をどう活用しますか

皆さんは、今、日本中に町内会（自治会など名称は複数あります）は、いくつあり、全世帯数のどのくらいをカバーしているかご存知でしょうか。町内会は全国に約30万あり、世帯カバー率約50％といわれています。

これは「50％しかない」のではなく、「50％もある」のです。町内会以外に、全世帯数の50％に直接リーチできる団体は存在しません。この町内会を活用しないのは、本当にもったいないのです。

ここで、町内会について簡単に説明します。町内会の業務については、市区町村との業務委託契約（※）の中で一般的に以下のことが記載されています。

（※）以前は、町内会長が行政協力員としての報酬を個人的にもらっていましたが、行政協力員制度の廃止に伴い、現在多くの市区町村では、町内会との間で業務委託契約を締結して、業務委託料を町内会に支払う形を取っています。

・委託事務

1　市行政の周知伝達に関すること。
2　文書の配布、回覧、掲示に関すること。
3　簡易な調査及び報告に関すること。
4　前各号に掲げるもののほか、市長が行政の円滑な運営と市民福祉の増進を図るために必要と認める事項。

では、町内会をどう活用していけばいいのでしょうか。この問いは、世の中に蔓延している町内会の弱体化をどうするかという問いと同義（表裏一体）です。ご近所の「共助」が普通になる、又は地域共生社会に向かう具体的なアプローチを共創して育んでいくことが「ありたい姿」なので、活動主体は、ボランティアでもＮＰＯでも町内会でも、有志のチームの活動でも、もちろん住民目線からは民間の有料サービスでもいいのです。ある意味、総力戦です。町内会は選択肢の1つに過ぎません。

しかし、町内会には、「住民カバー率」「回覧機能」「財源（市区町村からの業務委託料、町内会費等）」「例年行事やイベント運営」など、独自の優位性があります。町内会とどうコラボしていくか、町内会からどんな支援を受けたいかも含め、町内会の活用を考えるヒントが、この優位性の中にあります。

POINT
■ 町内会の役割を再度考えてみる。
■ 町内会独自の優位性を知る。

1年任期の壁をどう乗り越えますか

もう少し詳しく町内会活動を見ていきましょう。

「町内会長も役員（班長）も1年任期では新しいことは何もできない」

1年任期が最大の壁であることは、みんな知っているのです。大半が、くじで当たった町内会長さんです。決められた業務を真面目にこなすだけで、1年はすぐに終わってしまいます。一部の前向きな町内会長さんは、これからの町内会のあり方と真剣に向き合っています。しかし、1年はあっという間で、不完全燃焼であきらめてしまうのです。

しかし、この1年任期の壁を突破している町内会もたくさんあります。例えば、次のやり方で。

1　会長、副会長などの仕事のうち、市区町村の行政との事務処理や年間の活動計画作成などをチームで複数年つとめてくれる、事務局（執行部）を新設して任せる。
2　会長や役員（班長）の一部を複数年任期とする。
3　役員（班長）を2年任期として、各活動部の半数が毎年入れ替わるようにする。
4　会長経験者を相談役として、肩書きだけでなく、運営に参画してもらう。
5　複数年かけて長期的に継続検討していく課題（例えば集会所の有効活用や、ごみ問題への対応、組織の見直し、ボランティア活動の創出など）については、委員会や専門部を併設する。

ここで、大切なことは、2つあります。1つは、どう議論や活動（試行錯誤含め）を引き継いでいくか。「引き継ぎ力」がないと新しい活動が継続できず、形骸化・自然消滅してしまいます。もう1つは、町内会は選択肢の1つに過ぎないことを理解して、町内会とは別の「有志のチーム」の立ち上げを促し、支援していくことです。

これらの1年任期を突破する波及効果は大きく、うまく対応できている町内会は、各活動部（総務、行事、会計など）の役割や活動内容を見直すことや、輪番の役員（班長）の負担を減らすことにつながっています。

町内会の役員（班長）の輪番に対する、住民の不安やストレス（世代問わず、特に高齢世代）は想像以上に大きいのです（多くの住民からの直訴あり）。この不安やストレスは、どうしたら解消（減少）できるのでしょうか。

1　町内会を「ご近所の未来づくりの拠点の1つ」に位置付けることで、町内会に対するマイナス（ネガティブ）イメージをプラス（ポジティブ）イメージに転換して、活動を楽しむ。

2　役員（班長）の役割を見直し、役員（班長）の負担を減らすことで、無理せず各自できる範囲で活動に参加できるようにする。

3　デジタルとアナログを併用することで、話し合いや作業の新しいカタチをつくり、場所と時間の制約を突破する。

例えばこんなふうにして、不安やストレスを解消する（減少する）ことができるのではないでしょうか。

POINT

■ 1年任期の壁を突破する方法。
■ 町内会の役員（班長）になることの不安やストレスを解消する方法。

立川市大山自治会から学ぶ

自治会・町内会活動の好事例は世の中にたくさんあります。中でも、東京都立川市の大山自治会の取り組みは有名です。可能性（希望）の選択肢を考える参考になるので、その活動を具体的に紹介します。

- 三役（会長、副会長、会計）の選出を、住民の推薦投票で行う。その結果、若い層は若い人を選び、高齢者は老人会などの中から適任者を選び、現役世代は、子ども会やPTAを一緒にやった仲間の中から選ぶことで、世代間の分散につながる。

・自治会専用の事務所に相談窓口を設置して、専従のスタッフを一人雇用。月・水・金曜の午前9時から午後3時までと、土曜の午前9時から正午まで、よろず相談所として住民対応に当たっている。その他、自治会運営の事務作業や、東京都や立川市の職員との対応を行っている。

・運動会やお祭りや防災訓練などのイベントごとに協力員を住民から募集しているので、多くの住民が関心あるイベントの運営に参画することが普通になっている。

・住民の中から、看護師、介護職、保母さんなどの現役や経験者を集めて、子育てや在宅介護で孤立しないように、ママさんサポートの活動に力を入れている。特に若い母親の悩み相談は重要視している。

・中高生の住民や、近隣の大学生も、自治会等の地域行事に実行委員として参画することが通例となっている。小学生等への指導も任せている。世代を超えて、地域の一員としての自覚を育む機会になっている。

・高齢者の居場所づくりなど、団地内のあらゆるサークル活動の立ち上げ支援に加え、人づくりを通して、活動が自立して継続していくための支援まで行っている。

約2年前に、大山自治会の佐藤良子さんに直接お会いして、団地内を案内していただきながら、話を伺う機会がありました。その時、私は次のような質問をしてみました。

「佐藤さんが約15年かけて取り組んできた自治会改革を、もし、これから3年間であると仮定したら、佐藤さんなら何から取り組みますか」

この問いに対して、佐藤さんは次の3点を答えてくれました。

1　広報活動を強化する。自治会だよりなどでPR活動をする。

2　有志の住民を巻き込む。従来の自治会とは別のチームをつくり共存させる。

3　住民ニーズへの夜間・土日対応をするなど、住民が困らないまちをつくる。

この3点なら、地域特性に関係なく、取り組むことができるのではないでしょうか。

また、佐藤さんは、大山団地が都営団地であることについても言及されていました。

「公益が優先され、障がいのある方、精神疾患を持つ独居の方、シングルマザーの方、外国人の方の入居が増えており、今後もさらに増える傾向にあるため、まだまだ課題は山積している」

そして最大の課題は若い世代へのバトンタッチとのこと。これからも、大山自治会は日本の自治会・町内会のモデルであり続けるのだろうと、感心しきりの学びの多いひと時でした。

POINT
- 立川市大山自治会の素晴らしい取り組み。
- 最大の課題は若い世代へのバトンタッチ。

町内会がなくても大丈夫です

昔は町内会があったけれど、高齢化で担い手がなくなり今はない地区に加え、アパート・マンション・団地などの賃貸共同住宅及び新しく分譲開発された地区など、入居当初から町内会がない地区も多いのが現状です。

そもそも町内会がない地域ではどうなっているのでしょうか。大きく分けると3つのケースがあります。

1　町内会の代替の仕組みがあるケース

具体的には、町内での住民活動、あるいは、2層（地域や地区等）でのコミュニティセンターや公民館などの活動、共同住宅の管理組合、広域NPOなどが代替しているケースが該当します。

2　そもそも地域の活動が活発で、町内会がなくてもいいケース

世帯数が少ない農村地区などで近隣住民の共助（支え合いや助け合い）が普通に行われているケースなどが該当します。

3　町内会がないのが当たり前で、代替の仕組みにも関心がないケース

町内会がないばかりか、自主防災組織もなく、民生委員も選出していないことがよくあります。隣接する地区の民生委員がカバーしていたり、高齢者が多く住んでいる場合は、地域包括支援センターの職員が個別対応しながら、居場所づくりをサポートしたりしています。住民も以前から何もないのに慣れてしまっています。

しかし、異次元の超高齢社会かつ人口減少社会に直面している現状を考えると、今のままでいいとは思えません。特に、賃貸の共同住宅の管理会社や所有者等は、今までの認識を変えるべき、具体的には、町内会や代替するチームなど、住民主体の活動の創出を支援するべきではないかと考えています。また、世の中には、「町内会不要論」もありますが、あまり意味のない議論です。なぜなら、私たち地域住民が、私たちのご近所やご近所を取り巻く地域の「ありたい姿」（次世代に残したい）をどう考えているかが大切なのです。具体的な活動の選択肢はたくさんあります。町内会という地縁団体の活用も、選択肢の1つに過ぎません。有志のチームがすべてを代替できるのですから。

POINT

- 町内会がない3つのケース。
- 有志のチームがすべてをカバーできる。

事務局の外出しとデジタル活用

ご近所とご近所を取り巻く地域において、いろいろなアイデア（とてもいいこと）をカタチにする（あれもこれもやろう）段階で、直面するのが、「事務局（バックヤード）の負担が増える問題」です。この具体的解決策として、好事例研究と私の試行錯誤の実体験から見えてきたのが、事務局の外出し（アウトソーシング）とデジタル活用の2つの可能性です。

まず、事務局の外出し（アウトソーシング）です。事務局機能とは、活動を円滑に有効に運営するために行う中心的な機能で、年間の活動計画策定、会議等の議案づくりと資料等の作成、活動の振り返りと今後の課題設定、新規活動のアイデア出し、外部団体や市区町村との事務的なやりとりなど広範囲にわたります。この事務局機能を維持、かつ向上させるために外出しするのです。会議等の質がアップして、つまらない会議からおもしろい会議に変わり、活動の引き継ぎ力が向上します。事務局の外出しには、大きく2つのカタチがあります。

1　**専従**……例えば町内会などの組織の中に、役員とは別に、有志のチームが事務局として複数年担当する。

2　**代行**……外部の活動主体（他の町内会、NPO、自営業者、地元企業など）に代行を依頼する。

次に、事務局の負担を軽減するために、デジタルの活用が選択肢に挙がります。情報共有や情報交換をスムーズに行うために、さまざまな情報や経験などを可視化してデータとして蓄積していくためには、デジタルのコミュニケーションツールが適しています。第3章で前述した、その3つの目的「時間や場所の制約を突破すること」「適時適切に情報共有すること」「活発かつ有意義な対話と議論を行うこと」に、「事務局の負担軽減」が加わることになります。

デジタルのコミュニケーションツールには、たくさんのサービスがあります。情報共有と意見交換だけであれば、グループでSNSを使う手段もあります。活動の継続性の視点からは、チャット機能に加え、活動や議論の記録、データの保管、検索機能及びコストなどを総合的に判断することが大切です。具体的なサービスのイメージとして、とても参考になるのが、サイボウズ社の「非営利団体向けの支援（チーム応援ライセンス）」です。関心のある方は、一度チェックしてみてください。

ここで、ガラケー終了問題を取り上げます。2025年前後（通信会社により異なります）の3G対応の終了に伴い、一部4G回線のガラケーを除き、多くのガラケーが使えなくなります。スマホへの移行をスムーズに行うために、スマホ利用の楽しさの観点から、ご近所にもできることがたくさんあることを痛感しています。個人的には、２０２５年問題と時期が重なることで、前向きな意味で、大きな転機になると考えています。

POINT

- 事務局の外出しとデジタル対応の合わせ技。
- ガラケー終了問題への向き合い方。

教育機関、民間企業、地元店舗がご近所・地域とつながる方法

まずは、世代間交流の４つの事例を見ながら、頭の体操です。理由は世代間交流の事例には、ご近所と地域につながる新しい視点が満載だからです。世代間交流というと一般的には高齢者と子どもというイメージが強いですが、世の中には、新しい世代

間交流のカタチがたくさんあります。

- 地域の大人中心の趣味やスポーツのサークル活動と、同じ地域の学校（小中高）の部活動による共同イベントの開催や、他流試合などを定期的に行う。
- ご近所の高齢者向けスマホ教室をご近所の集会所などで開催し、子育て世代のお母さんたちが講師をつとめる。小さなお子さんは参加した高齢者が集会所の別室で面倒をみる。
- ご近所の高齢者向けの有償での生活支援ボランティア活動（庭木の剪定や草取り、部屋の掃除、電球の取り替えなど）に、子育て世代の親子が一緒に参加する。
- 町内会の行事の企画から実行まで、町内の高校生や大学生などにボランティア活動やインターンシップのカタチで参画してもらう。

ここでも、この4つの事例は、他のさまざまな活動に置き換えることができます。

次に個別に、ご近所とご近所を取り巻く地域につながる方法をいろいろ考えていきましょう。

1　小中高、大学や専門学校などの教育機関

まず、小中高では、地域の環境美化活動への参加や、地域の行事に部活動として参加するなどの現在のボランティア活動の枠に固執しないことです。例えば、ボランティアに限定せず、児童・生徒が地域社会の一員として、世代間交流の場を地域と共創していくと考えてみてはどうでしょうか。前述した世代間交流の4つの事例のうち1つめの、共通する趣味やスポーツを通じて交流することは、相手を探すだけで簡単にはじめることができます。まず、小さくやってみてから、どのような形で継続的に行うか決めればいいのです。

次に、大学や専門学校では、学生への進路指導の視点から、地域活動へのボランティアやインターンシップなどを積極的に活用することが大切です。新しい試みとしてぜひ大学や専門学校側からご近所や地域にアクセスしてみたり、地域の生活支援コーディネーターに相談したり、2層協議体に大学や専門学校の授業やゼミとして、参画してみるなど、ぜひ挑戦してみてください。

私も、地元の国際医療福祉大学成田保健医療学部作業療法学科の「地域生活支援論」ゼミに特別講師として参加した体験から、大学の授業と、町内会エリアでの町内

会活動や行事・イベントなどとのコラボ（地域課題の解決を目的とした継続的な活動）には、大学側（学生さん）にも地域側にも、大きな可能性があると感じています。

2　民間企業

あらゆる企業や研究所（大学含む）は、独自の個別分野での実証実験・社会実装の場として、直接、特定のご近所や、周辺の複数のご近所と連携して、実践的コミュニティや、リビングラボ（商品やサービスの開発）の取り組みを進めていくことができます。これからは、業種を問わず、あらゆる企業の中に地域共生部門が設置され（すでに多くの企業で設置されています）、イノベーション創出の視点からも活躍する時代になります。生活支援体制整備事業の2層協議体のメンバーに加わって、地域関係者との人脈から可能性を模索してみる方法もあります。また、社員の成長視点で、プロボノ含むボランティア活動を推奨している企業も多くあります。

ここで、「地域にひらく」の具体的なイメージを持ってもらうために、2つのケースを紹介します。

1つめは、「地域いちばん、町いちばん」を掲げるトヨタです。全国のトヨタ販売店などで、地域密着の「この町いちばん活動」が展開されていて、とても参考になります。メニューも、生活や趣味に関連するスポーツ、セミナー、体験会、ワークショップなど、安心・安全に関連する交通安全、防災、防犯など多彩です。

もう1つは、『日本でいちばん大切にしたい会社』シリーズ（坂本光司著、あさ出版）で紹介されている、地域密着で社員を家族と言い切る、多くの素晴らしい中小企業（経営者）です。それらの取り組みは、そのままお手本です。著者は、一貫して企業の最大の使命と責任は、5人の「しあわせの追求と実現」だと主張しています。その5人とは、「社員とその家族」「取引先社員とその家族」「現在顧客と未来顧客」「地域住民（とりわけ障がい者や高齢者など社会的弱者）」「株主・支援機関」です。

3　地元店舗

地元店舗はご近所密着に優位性があります。居場所や避難場所（分散避難含む）として、ご近所に開放するために、検討チームを立ち上げて、近隣の町内会や自主防災組織、地域の生活支援コーディネーター、さらに最寄りの小中学校の避難所運営委員会などにアクセスしてみましょう。

民間企業や地元店舗については、第7章の避難行動要支援者支援制度への貢献も視野に入ってきます。具体的には、避難支援等関係者として、平常時における個別避難計画の作成や更新、災害時のさまざまな支援が考えられます。公務は別ですが、民間企業の社員は、災害時には、公助が来るまでの3日間から1週間くらいは、自主的な判断で、ご近所の自助と共助に安心して専念できる環境が必要と考えています。企業BCP（事業継続計画）の見直しも必要なのではないでしょうか。災害時のご近所の自助と共助より、会社への出社や業務を優先する私たちのメンタルモデルも変えていく必要があります。

さらに、本章の事務局の外出しへの貢献は、民間企業や地元店舗などのご近所貢献の一環で、フォーマットと運用ルールさえ共有できたら、負担感なく、簡単にはじめられるものではないでしょうか。ここでも、病院や介護事業所やリハビリ事業所などに置き換えて、発想を広げてみてください。

POINT

- 世代間交流に挑む。
- ご近所と地域につながる（ひらく）イメージを持つ。

第9章

ご近所の共助が日本の未来をひらく

1割の壁を理解する

地域でさまざまな活動をしていると、「1割の壁」によく直面します。私が最初にこの言葉に出会ったのは、知り合いの生活支援コーディネーター（1層）の「夢は、地域の高齢者の1割の方が、徒歩圏内の居場所等にアクセスできる環境をつくること」という発言でした。その時は、なんで夢なら5割とか8割じゃないのかなと思ったのをよく覚えています。

地域行事等の住民参加率はたいてい5％前後。私が委員長として地区で初めて実施した、指定避難所運営委員会の住民参加型避難行動訓練でも、地域住民の参加率は約5％という結果でした。2019年（令和元年）秋の台風等の災害（千葉県）直後だったこともあり、住民の防災意識が高まっている状態のため、参加人数は最低でも10％（1割）と予測していたので、改めて「1割の壁」を痛感しました。

もちろんこの数値は地域や内容や住民周知の工夫で異なります。ここで言いたかったのは、地域の活動は、しょせん任意なので、何か新しいことに挑戦しても、最初の協力者や参加者は少なくて当たり前ということです。

新しいことに挑戦すると、最初の参加者が少ないという結果を見て、ほれみたことかと新しい挑戦を批判する人が一定程度います。しかしやってみないとわからないことだらけです。事実、はじめて指定避難所運営委員会で住民参加型の避難行動訓練を実施した後は、達成感を覚えるどころか、新たに認識できた課題の山を前に途方にくれました。皆さんは、「バタフライ効果」という言葉をご存知でしょうか。バタフライ効果とは、非常に小さなこと（蝶の羽ばたき）がさまざまな要因を引き起こし、だんだんと大きな現象へと変化することを指す言葉です。最初はほんの小さな風（ゆらぎ）でも、その風が新たな風を起こし、次第に大きな風となり、地域社会は変わっていくのです。目の前のご近所の「1割の壁」に試行錯誤でくりかえし向き合うことは、地域社会、日本、そして世界へと、バタフライ効果を起こすことに将来つながっていくと考えると、少しワクワクしませんか。

POINT

- よく直面する「1割の壁」。
- 小さな風が大きな風を呼び起こす「バタフライ効果」。

貧困の連鎖を断つためにできること

皆さんは、貧困は「自己責任」だと思っていませんか。離婚や死別により、いきなり、シングルマザーやシングルファザーになることは、誰の身にも起こりうることです。加えて、勤め先のリストラや倒産、転職の失敗、精神疾患で働けなくなるなどの理由で、急に安定した収入が途切れる可能性は、誰にでもあるのです。

このことをしっかり認識することがスタートラインです。

「貧困の連鎖」の本質的な要因は、一般的に次の3点といわれています。

1　親と子どもの「非認知能力の欠如」

2　親の「関係性の貧困」、「孤立」、「金銭面のストレス」

3　親の「価値観」、「生活習慣」

「貧困の連鎖」を断ち切るために行われている活動には、主に、学習支援（放課後の学びの場など）、食事支援（フードバンク、こども食堂など）、母子家庭の母親支援（母親の悩み相談やメンタル支援など）などがあります。まず、周囲とのつながりを増やすことからです。本当に困っている世帯が、このような支援とつながりにくい点が、根本的な問題です。

支援団体の方々は口を揃えて、手を差し伸べたくても、本当に困っている世帯とつながる術がないと言います。〝個人情報の壁〟があり、市区町村の担当課ができることは限られています。そもそも、市区町村の担当課に相談に行った時のやりとりで、行政支援への不信感を強く持つことは「あるある」です。

この解決策は、

「ご近所が世帯のＳＯＳに気づく」

「本人がご近所にＳＯＳを出す」

「個人情報の共有（使用目的・開示内容・開示範囲）について本人の同意をとる」

であり、これを阻んでいるのが、

「本人とご近所の、思い込み・固定観念・偏見等のメンタルモデル」です。

支援団体や相談窓口を増やすことと、同様の効果がある取り組みや、相乗効果がある取り組みを、真剣に考えていく必要があります。地域の大人（ご近所）ができることがたくさんあるはずです。「世帯状況マップ」の共有からはじめてみましょう。最初は不参加でもいいのです。じっくり時間をかけて、「SOSの受け皿がご近所にある」というメッセージを送り続けてみましょう。家庭の情報を詮索することはやめましょう。傾聴の姿勢を示し、お互いの信頼関係を育みましょう。

そして、ご近所の居場所に誘う、一緒に何か行動できることを探す、声かけや情報提供だけでも定期的に行いましょう。何かのきっかけで、心を開いてくれることがあります。

ここで、社会的インパクトとインパクト・レポートについて、お話しします。

社会的インパクトの「インパクト」とは、「変化の価値」を意味します。このインパクトに関する活動報告書がインパクト・レポートです。近年、社会的課題に向き合う人と組織が、自分たちの活動が生み出している成果や変化について、第三者に説明する方法として注目されています。また、投資を呼び込む観点からも、インパクト・レポートの作成は、必須のスキルともいわれています。

インパクト・レポートの具体例として、「経済的に厳しい子育て家庭への支援」をテーマとした、「文京区こども宅食プロジェクト　2019年度インパクト・レポート」は秀逸です。一定期間での評価と見直しをどう行うかが一目瞭然です。ここでも、親子のQOL（生活の質）の向上という社会的インパクトを生み出す上で、支援対象世帯に対する、相談窓口の紹介や、必要な支援とのマッチングまで至らないことが、大きな壁になっています。他のさまざまな社会的課題の解決に向き合っている、組織や個人が抱える悩みと全く同じです。これから、社会的課題の解決に挑戦する私たちが、人の気持ちやメンタルモデルに寄り添うこと、社会的インパクトの評価測定の困難さに向き合い続けることがいかに大切であるかを物語っています。

POINT

- 貧困の連鎖の本質的な要因。
- ご近所支援の可能性（希望）を考える。
- 社会的インパクトについて考える。

変化を評価する能力を育む（4つの評価軸）

振り返りや反省が苦手という人がいるかもしれません。その理由の1つに、結果をどう評価するかの評価軸が曖昧だということがあります。会社の業績評価や人事評価が最たるものですが、日常生活や地域の暮らし全般にも共通していえることです。

右肩上がりの時代は、それでも良かった、うまくいった、という事実はこの根底にはあります。しかし、先行きが不透明で不確実な今の時代においては、結果や進捗状況をどう評価するかは、とても大切になっています。

前提となる価値観や知識、理解度がバラバラな住民の皆さんと向き合い、人前で話す機会が増えたことで、私に見えてきた「評価軸」の視点を紹介します。

それは「効果軸」「時間軸」「想定軸」「新旧軸」という、4つの評価軸とでもいえるものです。

- **「効果軸」**

これにはプラスとマイナスの変化、波及効果があります。マイナスの変化（失敗）

を恐れるから動けない。失敗をほめる習慣をみんなで育みましょう。なぜなら、失敗は最高の教科書だからです。波及効果とは、視座を高めて、周辺への影響の有無を探しにいくことです。

ここで大切なことは2つ。1つは、ありたい姿（目標など）にどれだけ近づいたかを評価の尺度にすること。もう1つは、試行錯誤のプロセスで、どれだけ学びがあったかです。

・**「時間軸」**

これには、短期と長期、1次と2次があります。

長期の変化を評価するには、忍耐力が必要。目の前の短期の変化を重視するあまり、長期の変化への対応が、気がついたらおろそかになっていることがよくあります。1次と2次については、時間的な連鎖をあらかじめ想定（デザイン）できる場合に大切な視点です。

・**「想定軸」**

想定内か想定外（予期せぬ結果）かを区別すること。不透明で複雑で流動的な時代なので、想定外の変化（プラスもマイナスも）は起こるのが当たり前という心構えが大切といえます。

- **「新旧軸」**

新規性と普遍性を指します。いかに変わるかの新規性だけでなく、逆に変わらないものや普遍性も重視します。別の言い方をすると、変わるべき点と変わらない点（変えてはいけない点）を見極めることが大切です。

変化を恐れずに、変化を楽しむ観点からも、変化をどのように評価して、次のステップの判断にそれをどう生かしていくかという能力を、私たちみんなで高めていきましょう。

POINT

■ 不確実性の高い現代においては、変化をどう評価するかはとても重要。
■ 効果軸、時間軸、想定軸、新旧軸という「変化を評価する4つの軸」で考えてみる。

不等号で判断しよう

多様性を包み込んだその後、私たちは、どう判断して行動につなげればいいのでしょうか。ご近所とご近所を取り巻く地域に向き合っていると、職場以上の多様性に身を置くことになります。第4章の冒頭で、メンタルモデルや多様性への向き合い方として、「バランス感覚」が大切という話をしました。そのバランス感覚を「見える化」して、判断するためのツールが、「不等号」です。

例えば、【パターン1】で「世帯状況マップ」について考えてみましょう。

デメリット（マイナス）の要因としては、個人情報の漏洩によりドロボウや詐欺のターゲットになり被害を受けることへの不安や、そもそもご近所さんに世帯状況を知られたくないという想い（メンタルモデル）などがあります。

一方、メリット（プラス）要因としては、共助の意識が育まれることや、世帯状況をお互いに共有する安心感（防災や防犯など）や、日頃のコミュニケーション（あいさつ含む）の活性化や、助け合いの具体的な行動につながることなどがあります。

ここで、1つ大切な点を補足します。静態的に不等号で判断した後に、「動態的な努力」が続くということです。つまり、【パターン1】の場合では、デメリット（マイナス）の要因に対して、適切な対応を行い、顕在化のリスクを低下させる努力を続けること。メリット（プラス）の要因に対して、その効果を向上させる努力を続けることです。世帯状況マップの例で言うと、個人情報の適切な運用に留意することや、プライバシーの一部をオープンにすることで大きな安心が手に入る意識を育むことへの努力を続けること。また、

不等号で判断する

【パターン1】　Aをするか、しないか

メリット（プラス） ＞ デメリット（マイナス）

【パターン2】　AとBのどちらを選択するか

A ＞ B

メリット（プラス） − デメリット（マイナス） ＞ メリット（プラス） − デメリット（マイナス）

【パターン3】　状況や文脈により、AとBのどちらを優先するか

A ＞ B

世帯状況紹介や避難行動訓練等を通じて、多様な価値観には配慮した上で、共感の輪を広げる努力を続けることです。

POINT

- 不等号はバランス感覚を持った上での判断ツール。
- 判断後も動態的な努力が続く。

2つの世代へのメッセージ

ここでの2つの世代とは、高齢世代と若者世代を指します。

【高齢世代への2つのメッセージ】

1　若者世代の応援団になりましょう。（お孫さんだけでなく）

小さな子どもたちだけでなく、若者世代にぜひ声をかけてあげてください。価値観の異なる世代間のコミュニケーションは、うまくいかないことが多く、試行錯誤で忍耐力も必要です。ぜひ人生経験豊かな皆さんが、まず動いて労をとってほしいのです。

例えば、皆さんの活動に、新しく参加する若者世代に対しては、

「一緒に変化を起こしていこう」

「変化を起こすためにあなたの力が必要」

と声をかけてあげましょう。

一緒に活動する中で、若者世代の意見は、途中で話を折ることなく、最後まで聴いてあげる。そして、若者が熱意を持って取り組もうとしていたら、背中を押してあげる。間違っても、これまでの考え方・やり方に固執して「この通りにやってください」は、ダメ。また、パソコンができるからと、事務作業だけお願いするのも、ダメです。

第4章の「チームワークを身につける大切さ」で述べた、「心理的安全性」を確保することに気を配る。すなわち、率直な意見や素朴な疑問を言うことができる環境をつくってあげましょう。

2　若者世代との向き合い方を工夫しましょう。

毎年、多くの中高生や大学生がボランティア参加しているイベントのコーディネーターをしている方からいい話を聴きました。

若者世代を巻き込む３つのコツは、

１　若者が自分で考えて行動できる余白をつくる。

２　楽しさを感じてもらう。

３「仲間」として対等にあつかう。

例えば、ただ役割を与え、指示通りの作業を淡々とさせるのはダメで、もっと効率よく、もっと効果的に、役割をこなすにはどうすればよいのかを、若者たち自ら考えてやってもらうように余白をつくってお願いする。そして何より楽しさを感じてもらうために、「ありがとう」と積極的に声をかけ、若者たちを「仲間」として、彼らと対等にコミュニケーションをとる姿勢が大切なのです。

【若者世代への3つのメッセージ】

若者世代の皆さんの多くが、社会的課題の解決や社会貢献への意識が高いのには本当に驚きます。そして自然と大きな期待をしてしまいます。その上で、3つのメッセージを送ります。

1　昭和の価値観をばかにしない。

価値観というのは、2項対立で考えるとうまくいかないもの。今の日本の社会システム（組織、制度、法律等）の多くが、未だに「昭和の右肩上がりの価値観」の土台の上に成立していることを正しく理解しないと、社会を効果的に変えることはできません。私たちは、みんな歳をとるにつれて、下の世代から「いつの時代の価値観だよ」と言われるのです。高齢世代の価値観に「敬意」を払うこと、そして、未来志向で対話・議論していく姿勢が大切です。

2　アナログをばかにしない。

アナログの良さを理解する。デジタル、ネット及びＳＮＳではカバーできない、「広大な世界」があることを、さらに、「利便性の向上」だけでは、豊かな生活とはいえないことを、若者世代ほど理解しておく必要があります。デジタルとアナログの両にらみでお願いします。相手の得意・不得意にも目を向けてください。特に、若者にとっての当たり前は、高齢世代の当たり前ではないのです。

3　前期高齢と後期高齢の違いを、しっかり理解する。

個人差があるのは当たり前ですが、一般論として、前期高齢（65歳〜74歳）と後期高齢（75歳以上）では、老いや病気により、心と体の健康状態は、全く異なります。日々ご近所に向き合って、後期高齢の住民の皆さんと話をしていると、後期高齢も2層に分ける必要性を痛感します。心と体の老いという視点では、85歳以上、特に90歳代は別世界です。わかりやすく言えば、皆さんが小学生の頃の、おばあちゃん・おじいちゃんと、皆さんが20代になった時の、おばあちゃん・おじいちゃんとは、別人とも言えます。老いるとは、そういうことです。おばあちゃん・おじいちゃんと一緒に過ごせる時間は残り少ないのです。今まで以上に、近況報告をしてあげましょう。

皆さんたち若者世代が、ご近所とご近所を取り巻く地域の未来を、日本の未来を、世界の未来をひらくのです。本章の「1割の壁を理解する」の中でお話ししたバタフライ効果を思い出してみてください。皆さんたちの時間のほんの少しだけ、例えば新しい趣味を1つ持つくらいの「かるい感覚」で、ご近所の未来づくりの「はじめの一歩」を踏み出してみましょう。皆さんたちが何を学んでいるか、どんな仕事をしているかに関係なく、このバタフライ効果に身を置いて試行錯誤することの中に、あなたたちは、楽しさ、生きがい、そして小さな幸せを感じることができます。

2つの世代がお互い何を話していいかわからない、共通する話題がないという声もよく耳にします。例えば、最近、困っていることや、楽しかったことなどを聴いてみるとか。自分のお孫さんや、おばあちゃんに重ねて考えてみてください。それでも何も思いつかなかったら、この本の「共通言語」について意見交換してみてはいかがでしょうか。

わかりやすくするために、世代を大きく2つに分けましたが、この2つの分類だけを考えたメッセージではありません。つまり、「高齢世代と若者世代」を以下のように置き換えて、あなたのイメージを膨らませてみてください。

・「現役引退世代と現役世代」
・「経験者と初心者」
・「コミュニティの古参と新参者」
・「上司と部下」
・「親と子ども」

そのとき、あなたの頭の中にはどんな言葉が浮かびますか。

POINT

■ 高齢世代への2つのメッセージ。若者を応援し、きちんと向き合う。
■ 若者世代への3つのメッセージ。古いことにも発見があると知る。

トヨタの「ウーブン・シティ」がご近所の未来づくりを照らす

最近よく耳にする「スマートシティ」や「スーパーシティ」は、第7章で前述した地域包括ケアシステムと地方創生の延長線上にあります。よりデジタルシフトを鮮明にして、1つのテーマの実証実験から、複数のテーマを同時に取り組む社会実装へと未知のゾーンに挑戦していくことになります。ご近所を取り巻く地域（1層・2層）の未来づくりのイメージを持つことにもつながります。

従来、エネルギー・交通などの個別分野で進んでいたスマートシティも、2019年5月以降のスマートシティモデル事業（国交省）をみると、ほとんど、単独ではなく複数の分野をカバーしています。

一方、スーパーシティの目指す姿は、大胆な規制改革などによって世界に先駆けて2030年を想定した未来の生活を先行実現する「まるごと未来都市」としています。つまり、住民目線の先端的サービスを日常の暮らしに実装させた都市のことで、まちづくりの観点から社会的課題解決を目指すアプローチといえます。都市の社会的課題を以下の10分野と定め、少なくとも5分野以上をカバーした社会実装を目指しています。「移動」「物流」「支払い」「行政」「医療・介護」「教育」「エネルギー・水」「環境・ごみ処理」「防犯」「防災・安全」です。その他「感染症対策」も加わります。スマートシティもスーパーシティも、複数の社会的課題を包括的連鎖的かつ根本的に解決する方向性は同じです。

また、社会実装に真剣に向き合うことは、各分野のデータ連携基盤づくりに加え、デジタルとアナログの住み分けを同時にデザインしていくことになります。ここでも、一次情報の獲得が大切。住民目線、住民合意の旗印に真剣に向き合い、3層（ご近所エリア）からのボトムアップによる、新しい住民参画モデルをカタチにしていくことが求められています。


注目すべき実例として、トヨタの「ウーブン・シティ」があります。理由は、市区町村や地域エリア(1・2層)目線からのスマートシティ、スーパーシティの取り組みとは異なり、ウーブン・シティが、ご近所エリア(3層)での住民の暮らしを起点としているからです。静岡県裾野市の工場跡地での運用開始に備え、すでに、日本橋オフィスの中には、物流エリアだけでなく、居住スペースなどがつくられ、手作り感満載のリアルの場と、ソフトウェアによる両輪のシミュレーションが進んでいます。だからこそ、ご近所の未来づくりのカラフルなイメージや期待感を持つことができるのです。

ウーブン・シティの3つの原点は次の通りです。

1　人中心（人の気持ちを考える、幸せの量産）

2　実証実験（カイゼンがずっと続く、社会の変化への対応）

3　未完成（住民の暮らしの場での実証実験がずっと続く）

「人中心」について、豊田大輔氏は、トヨタイムズの動画で「味」にたとえて、次のように述べています。

人それぞれ好きな味は違います。1つの味を提供するのではなく、多様なそれぞれの味を実現する必要があります。そして、評価する上で、3つの味を考えます。先味（このまちに住んでみたい、行ってみたい）、中味（このまちに居続けたい）、後味（このまちにまた来たい）です。人の気持ちから、ウーブン・シティらしさを考えていきたい。人中心だからこそ、イノベーションが起きやすいのです。

一般的に、デジタルは自助に偏りがち。共助の仕組みが、どう織り込まれていくのか、今からとても楽しみです。

また、この3つの原点は、対象は何であれ、未来づくりへの向き合い方、そのものであると私は感じます。さらに、かんばん、見える化、カイゼン、「なぜ」を5回繰り返すなどに代表される「トヨタ生産方式」の本質をそのまま受け継いでいると私は理解しています。そして、「トヨタ生産方式」の本質は、ものづくりにとどまらず、あらゆる分野に応用可能なのです。専門分野が異なる多くの著者が、トヨタ生産方式を応用した本を出版していることが物語っています。

POINT

- スマートシティとスーパーシティ。
- トヨタのウーブン・シティに注目する理由。

小さなハタをつくって大きなハタを目指そう

第1章の「日本は異次元の超高齢社会かつ人口減少社会」では、「異次元」について、現状把握の文脈でお話ししました。この異次元さを直視したくないという気持ちになった方も多いことでしょう。しかし、実は、日本にとって大大大チャンスなのです。国単位で日本が世界に先駆けて直面しているのですから、このチャンスをみんなでつかみとりましょう。チャンスを目の前にしながらも、従来通りの様子見を繰り返していると、今後、日本を上回るスピードで超高齢社会に突入してくる韓国とシンガポールが、日本より先に、世界の手本をつくってしまいます。

先手をとるには、前述した通り、

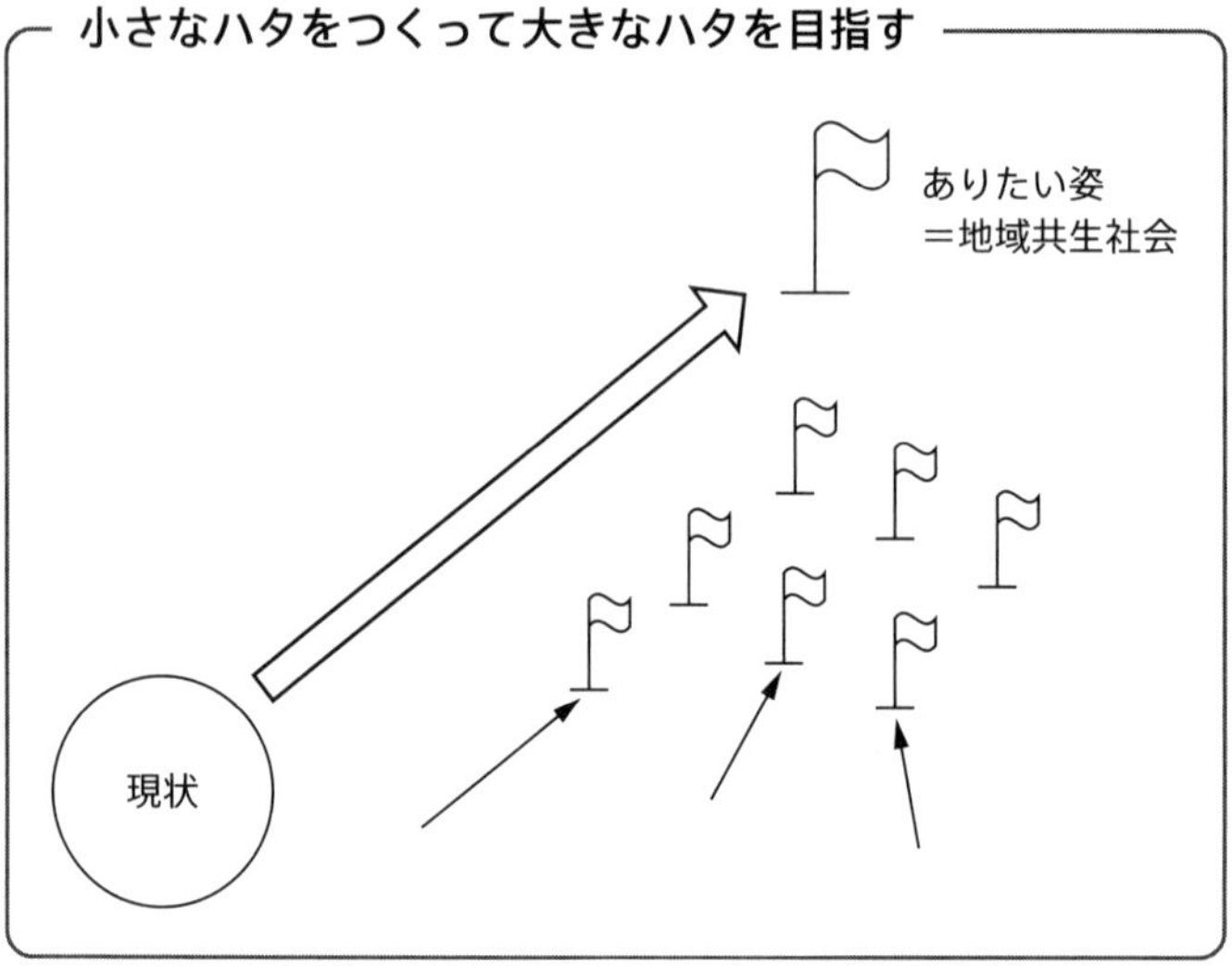

「共通言語」が必要不可欠。バラバラ、ギスギス、スカスカからの卒業です。さらに、課題の共有から抜け出し、課題解決に向けた試行錯誤の一歩をすばやく踏み出すことが大切です。

ここで、共通言語のキーワード（大項目）を復習してみましょう。

・大きなハタ（ありたい姿＝地域共生社会）を立てる
・現状と課題を知ることから
・ご近所に光を当てる
・地域共生社会をイメージする
・自分ごと化する視点を育む
・ものの見方・考え方と心構え、メンタルモデル（最大の壁）に向き合う
・日本人の遺伝子について考える
・行政の限界と住民主体（行政と住民の線引き）を考える
・有志のチームがすべてを代替する
・地域の活動に共通する難問に挑む

・小さなハタをつくって、はじめの一歩を踏み出す

これだけではありません。

それぞれの大項目のキーワード中には、たくさんの小項目のキーワードがあります。

本書の物語がそのまま共通言語なのです。

ここでの小さなハタとは、大きなハタを目指す長い旅の途中の目的地のこと。小さなハタを立てて前に進むことは、大きなハタに向かう具体的なアプローチのことです。


ご近所やご近所を取り巻く地域に、今、向き合っているすべての人たちは、すでに「小さなハタ」を立てて、大きなハタを目指していると言えるのです。周りの人と手を取り合い、小さなハタを、総力戦で、共創していきましょう。

POINT

- 異次元の本当の意味。
- 共通言語のキーワード。

ご近所の共助が日本の未来をひらく

「多様性」は奥深い言葉だとつくづく思います。家族も多様性、ご近所も多様性、チームワークも多様性、ストレスも、精神疾患も、病気も、貧困の背景も、多様性、つまり一人ひとり異なります。

さらに、最も大切なのは、私たち一人ひとりの中の「多様性」です。自分を含め、人はいくつもの顔を持っています。相手や環境によって自分の役割が違うのだから仕方ないのです。本当の自分は1つだけと固執すること自体が、強いストレスが生まれる要因であることを理解しましょう。

ご近所とご近所を取り巻く地域に向き合い、人間観察をして見えてきたことは、人間関係のストレスは、2項対立への対応も含め、この「多様性」を理解して、無理せず「普通に」包み込む感覚を身につけることで、かなり減少するということです。そして、自分の未来に対して、可能性（希望）の選択肢をイメージできるだけで、不安やストレスは減少していきます。さらに、「多様性」を理解することで、視野が広がり、自然と「共助」の意識が育まれます。

一方で、「多様性」に向き合うことは、対人的な不安や摩擦に向き合うことでもある。しかし、その中でこそ、私たちは、複雑な「人間性」を学ぶことができるのです。すなわち、不安や摩擦も、人生に役立つ試練の1つであり、それによって成長できると考えるのが肝です。敵を味方にする感じです。多様性を包み込むとは、多様性の包摂、インクルージョンとも呼ばれています。

また、多様性を「普通に」包み込む、の「普通」がいいのです。

第2章の小学生の作文を読み返してみてください。

「周りのみんながもっと障がい者を知ってくれて、もっと普通になってほしいです」

なぜ、ご近所の「共助」が日本の未来をひらくのでしょうか。正解はありません。これからみんなで答えを探していけばいいのです。

皆さんは、今、どう答えますか。私の今の答えは、次の通りです。

ご近所の「共助」は地域共生社会の入り口です。地域共生社会に向かうプロセスの中で、多くの社会的課題が包括的連鎖的かつ根本的に解決されていく。同時に、私たちも幸福感を得ることができる。そして、日本が、課題先進国から世界に先駆けて課題解決先進国になることで、日本は、世界の中心であり続けることになります。

ここで、なぜ、地域共生社会に向かうプロセスの中で、多くの社会的課題が包括的連鎖的かつ根本的に解決されるのでしょうか。

例えば、ご近所が多くの社会的課題の現場だからです。ご近所の共助を育むことで、多様性と人間性を理解して普通に人に優しくできるようになります。その結果、第2章の「なぜ精神疾患に光を当てるのか」でお話しした通り、人間関係に起因するストレスが軽減し、精神疾患の予防と回復に寄与するからです。ストレス社会を改善することで、多くの社会的課題が包括的連鎖的かつ根本的に解決されていくのです。

ご近所の共助を育むことは、ご近所の未来づくりにつながります。ご近所の未来づくりは、肥沃な土壌づくりと同じです。目の前の社会的課題だけでなく、不確実な将来、想定外のことが起こっても、〝びくともしない〟(きれいな花を咲かせ続ける)ご近所、地域、国家、世界をつくることに通じるのです。

POINT

- 多様性に向き合い、複雑な人間性を学ぶ。
- なぜ、ご近所の共助が日本の未来をひらくのか。

あとがき

みんなで温かい変化を起こすために

7年前の私と同様に、ご近所に無関心（関心はあるが他人ごと）であった大半の皆さんにとって、普段の生活では見えていない景色をお届けすることができたでしょうか。ご近所の未来づくりについて、可能性（希望）の選択肢がいくつか見えてきましたか。皆さんや家族の生き方、学び方、働き方、地域との関わり方を見つめ直すことにつながる、温かいイメージは持てましたか。今、ご近所とご近所を取り巻く地域の現場を支えている、すべての皆さんへの応援歌になっているでしょうか。

私の好きな言葉に「植福」があります。「植福」とは、幸福の種をまいておくこと。福を増やすために、みんなで温かい変化を起こしていきましょう。ここで、故中村哲医師（ペシャワール会）の言葉「１００の診療所より１本の用水路を」が頭に浮かびます。次世代のために、何が物事の本質なのかを私たちは考え尽くさなければなりません。

私たち誰にとっても身近なご近所から、地域共生社会に向かう具体的なアプローチをみんなで共創していきましょう。

それでも、「今はまだちょっと」と腰が重い皆さんもたくさんいらっしゃると思います。そんな皆さんにすてきな言葉をプレゼントします。

「一緒に行動しない応援という共感」

この言葉には、今の自分にはできない「大切なこと」を代わりにしてくれている方々への感謝の想いが込められています。応援するカタチはさまざま。行事やイベントに参加する、「いつもありがとう」と声をかける、感想や意見などを伝える、その取り組みをＰＲするなどがあります。無理せず、できる範囲で応援するだけで、皆さんも、温かい変化を起こす仲間です。

あなたからのフィードバックのお願い

著者である私の限界とは、自分で見えていない、肌感覚がない、自信がない、そんな地域社会の現実がたくさんあることです。この本を書き終えて、私もようやくスタートラインに立てた気がします。引き続き、ご近所とご近所を取り巻く地域に軸足を置き、志と使命感を持って、これからも、温かい変化を起こすために、さまざまな活動と発信を続けてまいります。

ぜひ、皆さんからの感想や意見など、なんでも自由にお寄せいただけるとうれしく思います。

・ＱＲコード……

・ツイッター……@k_gerontology

・メールアドレス……info@kusanone-gerontology.com

・郵送先……〒１７１－００２２　東京都豊島区南池袋２－９－９

第一池袋ホワイトビル6F　株式会社あさ出版（気付）

ここで、1つの問いを皆さんと共有したいと思います。

SDGsの理念「誰一人取り残さない」を、ご近所の共助なしで、真に達成できると思いますか。

ご縁のあったすべての方への感謝

私の57年の人生でご縁のあったすべての方々のおかげで、今の私がいます。子どもや学生時代の友人たちや知り合った人々、会社員時代の上司含む同僚たち、今ご近所とご近所を取り巻く地域に共に向き合っている仲間たちなど、個別にお名前を挙げたい気持ちを抑えて、この場を借りて、深く感謝いたします。

また、無名の著者である私の本を世に出す機会を与えてくれた、天才工場とあさ出版の皆さん、特に、天才工場のチームリーダー大川朋子氏、あさ出版編集部の宝田淳子氏には感謝の気持ちで一杯です。今回、多くの方々とのチームワークを通じて、本当たくさんの学びがありました。改めて、本の出版や流通に関する仕事に携わっているすべての方々に敬意を表したいと思います。単なる情報源としてなら、これからも動画等へのニーズが増していくのでしょうが、自分のペースで著者と対話しながら読む本は、私たちの思考や想いを深める手段としては、圧倒的に優れていると確信しています。

最後に3人の家族への感謝です。

1人めは、すでに他界した父です。私が40代後半で、残された母と同居するために実家に戻っていなければ、私は会社人間のまま、社会人間になれず、間違いなく、この本は存在していません。私は常に、父に導かれていることを感じています。

2人めは、母です。母の老いに日常生活の中で向き合っているからこそ、老いることを日々学ぶことができています。この本は親孝行の1つのカタチです。

3人めは、最愛の妻です。私たち夫婦には子どもがいないので、20代で出会ってから変わらずお互い50代の今でも、2人の時間が一番大切です。いつも笑顔で応援してくれるおかげで、私は日々全力投球できています。

参考書籍

■はじめに

『地方消滅』増田寛也編著　中公新書

『多動力』堀江貴文著　幻冬舎

■第1章

『学習する組織』ピーター・M・センゲ著　枝廣淳子・小田理一郎・中小路佳代子訳　英治出版

『出現する未来から導く』C・オットー・シャーマー共著　由佐美加子・中土井僚訳　英治出版

『社会変革のためのシステム思考実践ガイド』デイヴィッド・ピーター・ストロー著　小田理一郎監訳　中小路佳代子訳　井上英之日本語版まえがき　英治出版

『イシューからはじめよ』安宅和人著　英治出版

『シン・ニホン』安宅和人著　NewsPicksパブリッシング

『分断社会ニッポン』井手英策・佐藤優・前原誠司著　朝日新書

『三度目の日本』堺屋太一著　祥伝社新書

『知の編集術』松岡正剛著　講談社現代新書
『編集思考』佐々木紀彦著　ＮｅｗｓＰｉｃｋｓパブリッシング

■**第2章**

『希望格差社会』山田昌弘著　ちくま文庫
『健康格差』ＮＨＫスペシャル取材班　講談社現代新書
『８０５０問題の深層』川北稔著　ＮＨＫ出版新書

■**第3章**

『自己革新』ジョン・Ｗ・ガードナー著　矢野陽一朗訳　英治出版
『私たちは子どもに何ができるのか』ポール・タフ著　高山真由美訳
駒崎弘樹日本語版まえがき　英治出版
『ジェロントロジー宣言』寺島実郎著　ＮＨＫ出版新書

■**第4章**

『弱いつながり』東浩紀著　幻冬舎
『友だちの数で寿命はきまる』石川善樹著　マガジンハウス
『私とは何か』平野啓一郎著　講談社現代新書

『チームのことだけ、考えた。』青野慶久著　ダイヤモンド社
『多様な自分を生きる働き方COLLABO WORKS』中村龍太著
エッセンシャル出版社
『他者と働く』宇田川元一著　NewsPicksパブリッシング
『リーンスタートアップ』エリック・リース著　井口耕二訳　伊藤穰一解説　日経BP社
『世界標準の経営理論』入山章栄著　ダイヤモンド社

■第5章
『人生で起こることすべて良きこと』田坂広志著　PHP研究所
『人は、なぜ他人を許せないのか？』中野信子著　アスコム
『ティール組織』フレデリック・ラルー著　鈴木立哉訳　嘉村賢州解説　英治出版
『敵とのコラボレーション』アダム・カヘン著　小田理一郎監訳　東出顕子訳　英治出版
『わかりやすさの罠』池上彰著　集英社新書

■第6章
『国家の品格』藤原正彦著　新潮新書
『日本はなぜ世界でいちばん人気があるのか』竹田恒泰著　PHP新書

『現代語訳　論語と算盤』渋沢栄一著　守屋淳訳　ちくま新書
中学校道徳教科書『あすを生きる』（1年・2年・3年）日本文教出版
『大江戸ボランティア事情』田中優子共著　講談社文庫

■第7章
『共助のちから』堀田力著　実務教育出版
『2030年超高齢未来』東京大学高齢社会総合研究機構著　東洋経済新報社
『地域包括ケアのまちづくり』東京大学高齢社会総合研究機構編　東京大学出版会
『まちづくり幻想』木下斉著　SB新書
『ケアを問いなおす』広井良典著　ちくま新書

■第8章
『命を守る東京都立川市の自治会』佐藤良子著　廣済堂新書
『日本でいちばん大切にしたい会社』（1巻～7巻）坂本光司著　あさ出版
『会社が永続する「31の言葉」』平山秀樹著　日経BP

■第9章
『持続可能な地域のつくり方』筧裕介著　英治出版

参考書籍

『子供の貧困が日本を滅ぼす』日本財団　子どもの貧困対策チーム　文春新書
『貧困クライシス』藤田孝典著　毎日新聞出版
『健康格差社会への処方箋』近藤克則著　医学書院
『社会的インパクトとは何か』マーク・J・エプスタイン　クリスティ・ユーザス著
鵜尾雅隆・鴨崎貴泰監訳　松本裕訳　英治出版
『スーパーシティ』片山さつき著　事業構想大学院大学出版部
『日本再興戦略』落合陽一著　幻冬舎

著者紹介

伊藤幹夫（いとう・みきお）

1964年生まれ。早稲田大学政治経済学部卒業。
りそな銀行（旧大和銀行）、ディップ、アニコム損害保険に勤務後、2019年に起業。2015年から2年間多摩大学大学院での学び直しと同時に地域社会にどっぷり浸かる。現在は、多摩大学医療・介護ソリューション研究所に席を置きながら、町内会会長、成田ニュータウン自治会連合会事務局長、自主防災組織会長、指定避難所運営委員会委員長に加え、多くの地域支援活動に向き合っている。地域共生社会に向かう具体的なアプローチを共創するため、「ご近所の未来づくり」をテーマに本書を執筆。

公益財団法人 さわやか福祉財団のさわやかパートナー
一般社団法人 若草プロジェクトの賛助会員
公益財団法人 丸和育志会の会員（優秀プロジェクト賞受賞者）

新《あたら》しい地域《ちいき》ネットワークの教科書《きょうかしょ》
ご近所《きんじょ》の共助《きょうじょ》があなたの未来《みらい》をひらく

〈検印省略〉

2021年 9 月 20 日 第 1 刷発行

著　者——伊藤 幹夫（いとう・みきお）
発行者——佐藤 和夫

発行所——株式会社あさ出版
〒171-0022 東京都豊島区南池袋 2-9-9 第一池袋ホワイトビル 6F
電　話 03 (3983) 3225（販売）
03 (3983) 3227（編集）
F A X 03 (3983) 3226
U R L http://www.asa21.com/
E-mail info@asa21.com

印刷・製本 （株）シナノ

note http://note.com/asapublishing/
facebook http://www.facebook.com/asapublishing
twitter http://twitter.com/asapublishing

ISBN978-4-86667-313-4 C0030